站在台上，身上仿佛若有光。

法天使
fatianshi.cn

讲好课的
7个要点

常金光/著

法律出版社 | LAW PRESS
北京

图书在版编目(CIP)数据

讲好课的7个要点 / 常金光著. -- 北京 : 法律出版社, 2022(2022.10重印)
ISBN 978-7-5197-6716-7

Ⅰ. ①讲… Ⅱ. ①常… Ⅲ. ①课堂教学-教学研究 Ⅳ. ①G424.21

中国版本图书馆CIP数据核字(2022)第089650号

讲好课的7个要点
JIANGHAOKE DE QIGE YAODIAN

常金光 著

策划编辑 朱海波
责任编辑 朱海波 李 军
装帧设计 鲍龙卉

出版发行 法律出版社
编辑统筹 法律应用出版分社
责任校对 蒋 橙
责任印制 刘晓伟
经 销 新华书店

开本 A5
印张 9.75 **字数** 150千
版本 2022年6月第1版
印次 2022年10月第2次印刷
印刷 北京金康利印刷有限公司

地址:北京市丰台区莲花池西里7号(100073)
网址:www.lawpress.com.cn
投稿邮箱:info@lawpress.com.cn
举报盗版邮箱:jbwq@lawpress.com.cn
销售电话:010-83938349
客服电话:010-83938350
咨询电话:010-63939796

书号:ISBN 978-7-5197-6716-7 **定价**:68.00元

法天使
fatianshi.cn

常金光

法天使–中国合同库创始人，10余年律师经验。图书《合同起草审查指南：三观四步法》《合同起草审查指南：公司卷》《创业，你需要的合同》作者之一。近年受邀为各地律师协会、律师事务所、大型企业法务部门等讲授合同起草审查课程数百场。

个人微信：fatianshi325

前言　会讲课的人站在台上，身上“仿佛若有光”

题注：“仿佛若有光”语出东晋陶渊明的《桃花源记》，“林尽水源，便得一山，山有小口，仿佛若有光”。

曾经讲课前口干舌燥

2015 年是“大众创业、万众创新”的年代。

200 多位科技公司创始人簇拥在北京中关村著名的创业大街，在一家咖啡馆二层的全球路演中心，我被邀请给这 200 多位创业者讲课，主题是“股权融资协议条款解读”。主办方邀请了三位主讲嘉宾，我是第二位上台讲课的。第一位嘉宾讲课的主题是“知识产权保护”。我清晰地记得，在等候上场前的半小时，我大概去了 10 趟厕所。越临近上台，上厕所的频率越高。现在我还记得厕所的位置，就在二层和一层中间的楼梯拐角处。

“接下来，有请我们今天的第二位老师常金光律师为大家授课。”随着女主持人的热情介绍，轮到我上台了。一瞬间，我觉得喉咙变成了撒哈拉大沙漠，特别缺水，特别干燥。我不停地喝水，却完全不止渴；又担心再喝水，会导致 50 分钟的讲课撑不到最后就又要上厕所。

后来成为“律师界的黄西”

4 年后的 2019 年，受厦门市律师协会的邀请，我面对 300 位厦门律师同行，刚刚结束一场讲课，足足 3 小时。朋友圈里有律师发了现场图片，配文道：“常律师的课太精彩了，像说脱口秀的黄西。”（那时候李诞还没大火）数小时后，有律师带着听课的兴奋，写了一篇感想发到网上，引起许多转发。不止厦门，后来在上海、深圳、东莞、珠海、昆明、长沙、武汉等中国主要城市的 100 多家律师协会邀请中，我讲的课都受到了好评。

也许不得不厚着脸皮相信：我，成为一个擅长讲课的人。按理说，给律师同行讲课比给非法律人的创业者要更难一些，可曾经性格内向且容易紧张的我，已经完成了 180 度大转弯，变成一个擅长讲课、挥洒自如的我了。

如果连我都可以，那就证明只要经过足够的练习，所有人都可能成为讲课高手。我发现，假如擅长讲课，即使是生活中看似平常的人，只要一站到台上，身上仿佛会发光；假如不擅长讲课，即便是一些职位很高且取得了不起成绩的人，一站到台上，就变得结结巴巴，讲不到重点，甚至屡屡犯一些肉眼可见的错误。

那些站在台上会发光的人，光是如何产生的呢？讲好课的秘密在哪里？

这本书要做的就是把我最真实的体验提炼出来，把跳过的坑和改善措施以及方方面面的细节，提炼成操作方法，让中国多一些擅长讲课的好讲师。（注：这里用“讲师”指代讲课的人，在本书中也可称为老师、讲者、演讲人。）

以拉片的方式呈现一堂好课的细节

本书将以讲好一堂 3 小时的课为目标，以拉片的方式讲授其中的细节。拉片是电影学院的一种教学方式，面对一部经典电影，一帧一帧拆解镜头，把握好电影的精髓。在每节内容后面提供实操练习，读本书时，若能同步完成实操练习，你也就顺便完成了自己的一套课程。

为表达简便，本书以律师这样的专业人士为典型受众展开内容。我的本职工作是学习研究合同起草审查，与我的搭档以及同事们一起建设中国合同库，本书中会举很多合同起草审查的例子。如果你不是法律人士也无须担心，因为讲课的方法是相通的；如果你是公司法务、企业负责人、新入行的老师或者任何行业中需要讲课的人，如果你要讲的是为期两天乃至一个学期的课，又或者只是30分钟的演讲，本书的方法也完全适用。所谓“讲好课的要点”，也可称为讲好课的方法，说的是实实在在的规律和方方面面的细节。

本书从理念、要点和实践 3 个层面展开，第一章主要讲 3 个原则；第二章按照一堂课的主要环节讲解 7 个要点；第三章提供一份完整合同课的课件、逐字稿和逐字稿批注，以便呈现所讲的要点。（见表 1）

表 1　本书框架结构

<table>
<tr><td colspan="7">第一章：3 个原则</td></tr>
<tr><td colspan="2">正心诚意
无我利他</td><td colspan="3">以终为始
用户视角</td><td colspan="2">专业为本
重视方法</td></tr>
<tr><td colspan="7">第二章：7 个要点</td></tr>
<tr><td>开场
设计</td><td>结构
设计</td><td>讲出
干货</td><td>控制
节奏</td><td>互动
设计</td><td>课件
使用</td><td>结尾
升华</td></tr>
<tr><td colspan="7">第三章：实例拆解示范</td></tr>
<tr><td>开场</td><td colspan="2">宏观</td><td>中观</td><td colspan="2">微观</td><td>收尾</td></tr>
</table>

本书正文结合了我自己之前的讲课、演讲等示例，在此提供一个资料包，包括我过去讲课的 PPT、演讲视频等，作为本书配套资料，有助于更好地把握本书的方法。资料包获取方法：关注“法天使”微信公众号，输入关键词“要点”即可获得，未来一两年，我力争不时更新资料包里的内容。

目　　录

第一章　对讲好课的理解和 3 个原则

第二章　讲好课的 7 个要点

第三章　实例拆解示范

第一章

对讲好课的理解和3个原则

想象一下，你就是那个擅长讲课的人。你心目中的擅长讲课的自己是什么样子呢？站在台上口齿伶俐、滔滔不绝？这可能是对讲课最表层的看法。这一章我们先谈对好课的理解，再谈讲好课的3个原则。

1　不要对讲好课有误解

1.1　讲课只是水面以上的冰山

曾经有一位我的学员，想学着和我一样讲好合同课，他非常用心地把我讲的 3 小时课程的录音整理成逐字稿，连开车、睡觉时都听录音，几乎能复制我讲的课，连语气和停顿几乎都一样。可奇怪的是，他给其他律师讲课，效果并不是太好——当然他的学习精神很值得肯定。为什么会这样呢？

讲课看起来很简单，就是站到台上一对多说话。可是，站在台上讲课是表现形式，是浮在水面上的冰山。讲课是一个系统工程，得了解水面以下的部分，来看图 1–1。

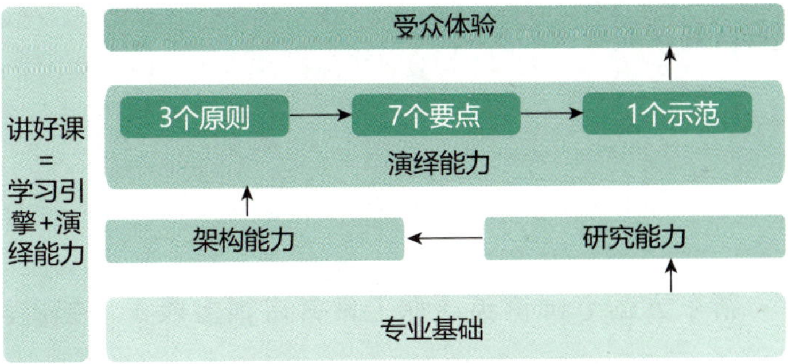

图 1–1　讲好课需要具备学习引擎和演绎能力

讲好课是一套学习引擎和演绎能力。站在台上把课讲好是水面以上演绎能力的部分，它直接影响受众（注：本书中用受众指代课程的听众或观众）体验。在水面以下，需要具备对讲课主题的研究能力、架构能力；再往下还需要具备这个领域的专业基础——后面三者合起来可称为学习引擎。

以讲合同课为例，作为讲师首先受过系统的法律专业训练，包括法学院的学习和律师实务经验；其次要持续多年研究合同起草审查主题，形成体系化的知识；再次把知识架构成适合对外表达的课程；最后是演绎能力，通过讲课的方式表达出去。

如果想讲好课，你得先成为这个领域的专家，而不是只背会一篇稿子；相反，如果你有专业基础和研究能力，但缺乏架构和演绎能力，也讲不好课——这就是一些资深教授专业很好，但讲课不生动，很难让人听得进去的原因。

本书笔墨重点放在“演绎能力”层面，适当结合其他层面，重点讲解 3 个原则指导下的 7 个要点，并给出 1 个示范；但请把它放在整个系统中去理解，这样才能更好地把握讲好课的实质和全貌。

1.2 讲课是把网状思考整理成树状结构做线性口头表达

新东方的老师讲英语课上常常讲很多段子，把讲段子的时间用来讲知识点不更好吗？学生为什么要花钱来听与知识无关的段子呢？就像婴儿服用的加了糖的药剂，新知要包裹在乐趣当中。好的讲师要把握好比例，段子过多缺乏干货会被诟病；全是知识的“填鸭式”讲授，受众觉得枯燥可能睡着。

我经常说“律师是以专业表达为生的职业”。专业表达既包括书面专业表达，也包括口头专业表达。作为口头表达的讲课的核心特征是什么呢？

讲课就是把网状的思考，通过树状结构，用线性的口头语言清晰表达，进而塑造听课者的感受。

你可能会说：“这个定义不错，但写作好像也是如此啊”。二者相通之处在于都要把网状思考整理成树状结构，然后线性表达。不同之处在于，读者对文字有更强的控制权，可以快速翻阅，一目十行，甚至先看结尾，再看前面。讲课则不同，在讲师说出下一句话、下一个观点之前，受众绝无办法提前听到下一句话、下一个观点。这给讲者更大的控制权，也对讲者提出了更高的要求。如果不能设计好结构，梳理好逻辑，以恰当形式和节奏表达，就会让受众无助、痛苦，甚至想逃离。

受众如此被动，所以你要爱护。受众是被动的，因此要注意节奏和互动。受众不止“听”讲师讲，同时也“看”

讲师的神情举止和课件。练习讲课，就是满足受众情绪和内容的需求，让最大多数受众在乐趣和新知之间达到平衡，在单位时间内产生足够大的影响。用几个公式表达如下：

表达效率 = 表达效果 / 讲课时长

表达效果 = 情绪效果 + 内容效果

内容效果 = 受众已有信息 + 信息增量

这将是本书在第二章中列举 7 个要点的逻辑：如何设计开场、如何设计结构、如何确定表达形式、如何互动、如何把控节奏、如何恰当使用 PPT、如何结尾。比如，开场前大部分人习以为常的客套寒暄，如果既无情绪效果，也不提供新知，却占用了讲课时长——哪怕 3 分钟——就是在降低表达效率，应该果断删除。

1.3　一堂好课的标准与局限

讨论一下“如何评价一门课的好坏？”因为本书的目标是讲好课。

一堂好课必须可以被量化评价

有一次我同事受邀去与法天使有合作的法学院做演讲，面向 100 多位即将毕业的学生，讲讲法律人的多种职业可能，顺便也为法天使吸引实习生。他连续几天很认真地准备演讲内容，很希望是一次精彩的演讲。

我问他："你觉得讲完后怎样才能评价演讲的好坏呢？"

他说："大概是结束后掌声的热烈程度？"

我说："这的确是一个表现，但有可能不够精确，有没有其他指标呢？最好是简便明确、能体现演讲精彩程度的。"

你猜，最后定了什么指标呢？答案是在课件最后一页留下他的微信，统计添加微信好友的人数。那天演讲结束后，100 多位学员中 95 人添加了他的微信。可以肯定地说，这是一次精彩的演讲。

讲课的目的是在你与听众之间建立尽量密切的联系。它可能体现为添加你的微信，关注你的公众号，购买你的产品或服务，也可能仅体现为在受众脑袋里打下一个深深的烙印，当他每次遇到与这个主题有关的场景时，都不由自主地想到你。

即使形式上公益的讲座，比如，乔布斯到斯坦福做毕业演讲，也是为了建立与学生的联系，强化乔布斯或苹果公司与即将毕业的学生以及未来大量线上观众——比如，远在中国的我的联系。你需要找到一个指标把这种联系量化。为什么量化如此重要呢？因为每个人的主观评价都不同，即使问卷调查，也可能因为是否匿名而影响真实性，况且不满意的人可能根本不会填写问卷。

只有数据才是真实的，即使差的数据也好过单纯的感觉。2019 年我讲了 122 场课，平均每场 252 人。何以知道这个数据？因为每场我都会统计中场休息的离场率。在自愿听课的前提下如果离场率极低，个别人说课程不好，也不足为据；如果大量离场，个别人说好，同样也不足为据。很多场次如在珠海、天津、东莞，有人全程在过道站着听讲，结束时比开场时人数还多，离场率为负值，说明讲课足够精彩。不少法律人对数据和定量有天然不亲近的心理。如果你真心在意讲课的好坏，从此刻开始就要明确数据指标。在多个数据指标中，找出核心指标。练习定量而非只是定性评价。

什么才是核心数据指标？

“合同相对论”是我与好友 Timini 在法天使微信视频号共同推出的系列直播，每周三、周日晚 8 时 30 分，邀请法律圈知名律师、法务总监或法律科技创业者对谈。如果你是直播发起者，最重要的数据指标是什么呢？有如下选项供选择：

（1）每期观看人数；

（2）最高在线人数；

（3）平均观看时长；

（4）话题预约观看人数；

（5）购买商品人数；

（6）……

每个数据都有特定意义，每期观看人数表示每期有多少人看过；话题预约观看人数表明主题或嘉宾受欢迎程度；购买商品人数表示这期直播带来的收益……如果只选择一项数据，应该选什么呢？可能不少人会认为“每期观看人数”是核心指标，理由是看的人越多，影响力越大。我们确定的唯一核心指标是“平均观看时长”，它最能体现这期直播对受众的价值。

比较两组数据：（1）观看人数为 1 万人，平均时长为 5 分钟；（2）观看人数为 4000 人，平均时长为 30 分钟。

哪次直播更成功呢？看起来前者获得了更多观众，但这些观众稍微一停留，发现讲的没意思就离开了；后者尽管只来了 4000 人，但能够长时间停留，说明观众更认同直播的价值。长远来看，一定是受众认为更有价值，才能产生良性循环；反之，即使想办法暂时吸引很多人，结果大家都不喜欢内容，也难以为继。这就是对核心数据指标深入思考的意义。

一堂好课"不应该"是怎样的？

第一，旗帜鲜明地反对成功学类的"励志"课程。这些讲师口吐莲花，让听者大受感染，甚至热血沸腾，似乎听完这个讲座，就能一夜成功。我承认成为这样的讲师也并不容易，需要很多所谓技巧，但这并非本书目标，我并不赞同这样的课程。听众现场激情过后，冷静下来可能会有上当受骗的感觉。好课程是把受众视作平等的人，拓展认知，给予启发，让受众发自内心叫好，甚至欢呼，但绝不是廉价的鸡汤蛊惑。

第二，一堂好课有它的局限性，不应该被过分夸大。专业知识的学习，重点是专注投入一定时间，围绕特定主题构建完整的知识体系。参加过法律职业资格考试的人，绝大部分都投入了几百小时甚至几千小时的复习时间，这样才能掌握大量知识，通过考试。在实务领域，不可能通过几小时的时间掌握太多。因此无论受众还是讲师，不应该对一堂 3 小时的课程抱有太多不切实际的幻想。

客观实际的看法是，提供准确的知识，提供启发感。就 3 小时合同公开课而言，就是让受众意识到合同起草审查工作中存在的根本问题是缺乏标准，以及法天使提供系统的知识体系和工具。如果想要系统掌握这些知识，需要投入相当多的时间。实事求是，不要夸大，是讲师应该有的自觉。

2　讲课的 3 个原则

接下来具体介绍讲好课的 3 个原则，第二章的 7 个要点归根结底是 3 个原则的具体体现。把握这 3 个原则，可以优化具体细节，这 3 个原则可称为好讲师的自我修养。

2.1　正心诚意，无我利他：讲课是为了出名，还是为了帮助别人

请问，你努力讲好课是为了出名、获利，还是为了帮助别人？

有人可能会说，这还用问吗？当然是为了出名，找到更多案源；说为了帮助别人，都是口头上的。我的看法是，出名、找案源可能是讲课结果，但它绝不能是你的原动力。请注意这不是虚伪的说辞，而是最重要的原则，它讨论的是讲师的心态和情绪。心态和情绪是讲师的重要准备。讲师的取舍与选择，行为举止，透露出的气质，都与此有关。

人们听课不仅是听你在说什么，更是在看你是什么样

的人，以什么样的神情、气质和心态讲课。脸上写满了企图心或者把企图心藏在心底，都会通过行为举止表露出来。你必须发自内心地单纯地想把自己的经验和见解分享给大家，关注大家的注意力，珍惜大家宝贵的时间，真心真意地为受众着想，其他收获是它的结果。

比如，开场自我介绍不宜过长，不宜过度宣传自己。为什么有人压抑不住过度宣传自己呢？可能心里生怕不能出名，生怕课白讲，很希望别人见识到自己的厉害，成为自己的客户。相反，如果你一心想的是怎么帮助别人，怎么把知识与洞见分享给别人，那么你自然就会选择简要介绍自己，把重点放到对受众有用的内容上。

“如何征服你的观众”，我曾看到一个教人演讲的课程的标题就是这个。我想说的是，不要总是想着“征服”你的听众，而是真心诚意地去帮助听众。好的讲课，需要你用发自内心的真诚与热情去浇灌。

“关于这个问题，我就点到这里。希望你们能够听明白。”这是我观察到有的讲师在讲座中的表述或口头禅。“点”到这里，是“点拨”的意思。“点拨”这个词有种居高临下的视角，不够平等真诚，是不恰当的心态。

在讲课初期经验不足时，尤其需要恰当调整心态和情绪。分享我的做法，假定上午 9 时到 12 时讲课，我就会 7

时起床，就近跑步 5 公里。在跑步的路上，脑子里只有一个念头，待会儿讲课，我要把自己对合同起草审查的理解毫无保留地分享给大家。带着这样的念头跑完步，回酒店冲澡吃早餐，然后神清气爽地来到会场，等着会场坐满，一场分享开始。如果你不喜欢跑步，也可以尝试跳绳，对场地的要求更低，也很安全。

我很怀疑这部分会被当作道德说教或心灵鸡汤，但并不是，这是很重要的原则。你不能抱着“两可”的心理悄悄地想，我为什么不能既追求出名又帮助别人呢？两者都想，就不是纯粹的利他。在结果上极致的利他可能就是最大的利己，但在动机上必须只是利他。比如，此刻我在写书稿，我就只是想如何措辞才能最大化真诚地分享自己的经验，怎么做才对读者有帮助；而不是想着展示才华，让自己显得厉害。

“正心诚意，无我利他”是讲课第一原则，不要想着征服受众，而是要帮助他们。

2.2　以终为始，用户视角：不只是一种态度，更是一种能力

据说“微信之父”张小龙说过：“乔布斯可以 1 秒钟变成小白。马化腾需要 1 分钟的时间让自己变成小白，而我

则需要 5 分钟。”

这句话说的是设计产品时，切换到用户视角的能力。设计一堂课程的时候，是否需要用户视角呢？毫无疑问也需要。张小龙的话不是在谈用户视角的必要性，而是谈切换到用户视角的能力，意思是，乔布斯是从用户视角看问题的大师。

本书中第二章即将谈到的自我介绍、开场、结构设计等细节，根本上都是要尽量站在用户视角来看待问题。比如，究竟应该如何自我介绍？从自己的视角来看，可能是尽量宣传自己，突出自己的特点。从用户视角来看，就是要关注究竟怎样才是用户需要的。腾讯对此用另外一句话来表述，叫作“一切以用户价值为归依”。一个功能点该不该做，判断标准是站在用户视角，看它能否创造用户价值。这一原则完全适用于课程设计。

意识到用户视角是第一步，更重要的是培养自己站在用户视角看待问题的能力。讲课时尽量不要问“你们听明白了吗”，而是要说“我讲清楚了吗”。前者可能让受众感觉你在质疑受众的理解能力，而后者在说讲者是否充分表达清楚了。两个问法意思是一样的，区别在于视角不同，受众感受不同。

日常商务交往中，也建议适当用“咱们”代替“你们”

的使用。一些谈判领域的专家提出过一个理论，两个谈判地位对立的人，当一方有意用“咱们”取代“你们”或“你”的时候，事情就发生了微妙变化。“咱们”意味着双方站在一起共同面对问题，争取找到解决问题的办法。而“你们”或“你”则体现为双方的对立，言语可能演变为一种指责。

我小时候观察到一个现象，父母和亲戚朋友见面聊天时，都在关心对方的事情。比如，你家老二读几年级，老大在哪里工作？被问的人回答后又及时把与对方有关的问题问回来。你来我往，你一言我一语，气氛非常热络有人情味。可也有一个邻居大叔，每次到别人家串门就会想办法挑起个话头说自己的孩子学习如何好。开始还有人附和称赞，到后来每次他说起自己的儿子如何优秀，大家就开始沉默，直到有人忍不住主动提起别的话题。那位大叔聊天只顾着自己，从不为别人着想，也是没有用户视角的表现。

用户视角要求讲者以终为始，想想讲座结束时，受众从座位上起身离开，脑子里的感受是什么？希望向受众交付什么？然后向前推演整个过程，所有的准备都是为了达成终点用户所需要的效果。这就是“以终为始，用户视角”的含义。

用户视角之所以难，是因为它“反人性”。人天生是以自我为中心的，是以自我视角看待周遭世界的。人的本能出发点是“我认为”“我觉得”“我想”。用户视角必须通过有意识的训练而获得。用户视角像《西游记》中孙悟空的灵魂出窍，自己从自己身上离开，以外在视角审视自己。

换位思考不仅要代入对方的视角，还要尝试代入对方的知识背景、身份。“己所不欲，勿施于人”是基于人的相同，还要注意人的不同，这些差异体现在很多方面，诸如，性别之间的思维差异，不同知识背景人群的知识差异，不同地域人群的文化不同。比如，给全国的律师、法务讲课，其实有个共同的背景，大家都是法律人，法律人受过基本的法律专业训练，具备共通的知识背景。相反，如果给企业的业务主管或市场销售人员讲授合同，则有不同。更进一步，即使同为法律人，律师和企业法务也有相当明显的差别。甚至有时候我到不同地方讲课举例谈到“煎饼果子”，也会特别追问一句，大家是否知道什么是煎饼果子，避免不同饮食习惯背景下，大家不了解我在说什么。

如下两个方法有助于训练用户视角。

方法一，把自己的课程用视频录制下来。自己观摩自己，你会看到一个新的自己。光是听到自己说话的声音，就可能感到吃惊："原来我说话的声音是这样的？"有很多朋友告诉我，看自己的视频需要鼓起勇气。我自己曾经尝试这么做，修正了自己的一些问题。我发现在视频中，我在讲台上邀请某位受众回答问题时，偶尔用手指指向受众，看起来有种居高临下、不够友好的感觉。但在我自己讲课时并没有意识到这一点。于是我改掉了这个习惯，改为用整个手掌作为引导，请受众发言，尽管从我内心并无差别，但这样做会显得温和有礼貌。

方法二，换位思考，想象自己听别人讲课，同样场景下，希望别人是怎样的。还是以自我介绍为例，忘掉自己是在讲课给别人，而是回忆一下自己听过的别人讲课的场景。一个人走上了讲台，开始介绍他自己，你希望对方介绍什么呢？希望听到对方冗长的自我吹嘘吗？一定不是。你希望对方尽快切入正题，希望对方平和诚恳，希望对方把关键问题讲清楚。你对他的期待，极大可能也是观众对你的期待。如果受众的人群属性与你显著不同，还要注意这种差别之下的用户视角。假如你是个所谓的"钢铁直男"，受众全是优雅的女士，谈论的是如何着装的话题，恐怕要多想想你们之间的不同。

"以终为始，用户视角。"本书将要提供的方法，都是用户视角原则在特定环节下的具体应用。

2.3 专业为本，重视方法：形式重要还是内容重要

梁慧星老师是知名法学家，有一次看到一个视频，讲对《民法典》的理解，梁老师拿着一个大水杯坐到讲台，开场就说，3 小时讲座中间没有休息，大家如果中间需要出去就自行出去即可。接下来，拿着一本《民法典》开始逐条地讲起来，一口气 3 小时，中气十足，干货满满，大师风范。

这不禁让人疑惑，只要内容好，形式是否根本不重要？梁老师讲课没在 PPT 上花心思，也未见得强调讲课的方法，却很有干货。金庸的武侠小说中也有类似的武功哲学，少林寺高僧摒弃花哨招式，看似平平推出一掌，竟是绝世武功。

不不不，不要误解。专业人士讲专业讲座，讲师应该有精深的专业修为，这是应有之义，但这并不意味着可以忽略讲课的方法。专业基础、研究能力和架构能力是基础，演绎能力是外在表现形式。

首先，形式的确跟身份有一定的关联。郭德纲上台一个鞠躬就赢得一片掌声；无名演员上台一个鞠躬，受众心里想的是，这位是谁呢？大部分法律人，可能一开始都还

不具备特殊身份光环。适合梁老师的方式，未必适合咱们。

其次，梁慧星老师看似单刀直入的讲授，很大程度上并非没有技巧，反而本身是符合讲好课的方法的。比如，不要过多篇幅地进行自我介绍。对于梁老师来说，原本大家也认识，就更不需要过多自我介绍了。知名人士不需要，非知名人士则是不应该。还是那句话，你真正的自我介绍是接下来讲座的内容。

最后，梁老师其实很会讲故事。当讲到对法条的理解时，相关案例信手拈来。法律人有这个优势，很多时候根本不用编故事，各种精彩的案例尤其自己办理过的案例，都是好故事。有意识用、用得对、用得精准是关键。

与讲课一样，沟通、演讲、谈判所有与表达有关的技巧，很大程度上跟“你是谁”相关。你的经历、阅历甚至职位身份，都在为你所讲的内容提供支持。反过来，你的表达又反向塑造着你是谁。郭德纲早年是因为相声说得好，才成为郭德纲；郭德纲成名后，才变成上台一鞠躬就有人叫好。他并不是一开始上台一鞠躬就满堂叫好的。

认为只要专业好，不用考虑讲课技巧是不对的；认为只要讲课的技巧好，即使没专业也能满堂彩，也是错误的。内外兼修，专业和形式并重，是正确的认识。形式和内容互为表里，都很重要。尤其专业知识类讲座，恰当的案例，精妙的比喻，深入浅出的讲解，是建立在对知识透彻理解之上的。

本书的重点是方法，它不能脱离你的专业底蕴。正如前文所说，讲好课本质上是一套学习引擎加上演绎能力。阅读本书，有助于读者少走弯路，更快地做到更好。这很像体育运动或乐器演奏，仅凭爱好即使练很多年，可能也只是业余水平；专业选手，必然有正确的方法，加上刻苦的练习。如果你是律师和法务，想讲好合同课，则专业部分建议系统学习《合同起草审查指南：三观四步法》《合同起草审查指南：常用合同卷》《合同起草审查指南：公司卷》这 3 本书；讲课方法部分建议学习本书。

3　像对待作品一样对待一堂好课

这些年，因为互联网和视频的便捷传播，讲好课的意义被空前放大了。不要把讲课当作一项任务，而是当作一部作品。任务完成就结束了，作品则可以流传。在没有视频或视频传播成本很高的年代，讲好课能直接影响的是现场的人，即使有录音，信息的减损也很大；手机和互联网的普及以及视频平台的发展，使好的讲座可以被直播和回放。除了现场受众之外，还有线上直播受众和二次传播的受众，理论上是无限的。互联网的参与使事物被放大。罗翔老师就是例证，一个好的视频内容被百万、千万次观看，其影响力不言而喻。

就我而言，2019 年共举办 122 场线下讲课，2020 年举办几十场，合计触达了 4 万多位律师朋友。2020 年新冠肺炎疫情来袭，开始线上讲课，适逢《民法典》颁布，我在原来线下课程的基础上，把“三观四步法”与《民法典》融合，推出了“合同 7 讲”系列线上讲座，广受欢迎，累计超过 20 万法律人线上观看学习。不少法律人朋友见面时跟我说，听过我在线上的“合同 7 讲”。甚至在某次从南昌返北京的飞机上，中途被一位空乘打招呼。他特别停到我座位旁边问我是不是常老师，看到他的衣服上写着“POLICE”，我心想难道我的健康码和行程卡不符合规定？结果他笑着说自己执行飞行任务之余通过了法考，在线上学习合同课程，刚听过我讲课。虚惊一场之后，才越发意识到一堂好课的影响力远远超出了想象。

如果意识到这一点，就要对自己的课程有更强的作品意识，像画家创作一幅画、音乐家谱写一首曲子那样对待自己的讲课。讲课不只是一门技术，也是一门艺术，甚至是一个魔术。这也是一位好讲师应有的自我修养，我们可以拥有这样的艺术家自觉。

下面，开始创作你的作品吧。

第二章

讲好课的 7 个要点

这一章进入讲好课的细节，分为7个要点。7个要点一首一尾两个要点讲的是一堂课的开场和结尾，其他5个要点是讲好课过程中要注意的细节——整体上是按照讲课的流程逻辑展开，中间的5个要点是从不同的方面谈细节。7个要点并非单一时间顺序逻辑，也难有其他单一的分类逻辑，就并列称为7个要点。

这些要点都在第一章所述3个原则的指导之下，读完本章后，以这7个要点检视自己要讲的课，应该会有所帮助。

1 如何设计开场：砍掉俗套，制造不同

设计开场分两部分展开，先谈自我介绍注意事项，再谈课程的开场逻辑。

1.1 好的自我介绍要打标签、与主题相关和制造冲突感

自我介绍是一次讲课的开始，分为两种情况，一种是已经有主持人作了较为充分的讲师介绍，那么原则上讲师自己的介绍可以尽量少。另一种是没有主持人，则需要自我介绍后开始正题。

适当的自我介绍是必要的，需要让受众知道你是谁。自我介绍的要点是什么呢？

两种不好的自我介绍

第一种，简历式的自我介绍。

随机在网上搜索一份律师的自我介绍。常见内容是，某某，某市律师协会会员，毕业于某某学校，代理过哪些案件。

这些材料作为书面的招投标文件的简历尚可接受，如果作为现场讲座的自我介绍，则完全不合格。不合格的原因在于没有提供受众能更好感知的信息，甚至提供了一些没有实质意义的信息。比如，张三律师是某律师协会的会员，这就是无用信息，因为在中国，所有的律师必然属于注册地律师协会的会员，这既不能体现你的专业，也不是可以让人记住的标签。

第二种，过于冗长的自我介绍。

有一次，一位律师在微信上跟我打招呼，问近期在哪里能听到我讲课。我问他，为什么忽然想听我讲课呢？他说 3 年前在线下听我讲课加的微信，中间几年虽没联系过，但对我的那次讲课印象深刻。我说为什么呢？他说，那次课一共有 9 位老师，我是唯一一个没怎么自我介绍，很早就进入正课内容的老师。其他讲师，都花了不少篇幅介绍自己，尤其是介绍自己的成功案例，导致 3 小时的课程，可能前面半小时过去了，都还没进入正题。他觉得严重浪费了时间。“你再厉害，跟我有什么关系呢？”他最后总结说。

一位听众 3 年后仍记得我讲的课，原因居然是自我介绍够简洁，这足以说明问题。很多讲师为了更好地推广自己，凸显自己的能力，而过多地介绍自己的过往成绩，往往适得其反。

在很多场合下，人们会作类似如下自我介绍：

大家好，我是常金光。常是经常的常，金是金子的金，光是阳光的光。我的家乡是河北省，我的爱好是……

这样的自我介绍是否合适呢？在相亲场合也许勉强合适，在讲课场合则完全不合适。一个或许令人伤心的事实是，其实大家不会真的关心你的名字是哪几个字，大家真正关心的是你是个什么特色的人，这个特色与即将展开的主题有什么关系。

请不要指望大家通过记得你的名字而记得你，相反，要指望大家通过你的特点记得你，通过你讲课的精彩内容记得你。我自己的课件封面上，甚至干脆不写名字，因为我宁可大家通过 3 小时精彩的课程，记得我是一个“讲课很不错的瘦子”。如果大家被内容吸引，自然会记得我的名字。

正确的自我介绍是怎样的呢？

一条短信约到投资人的案例

在综艺节目《奇葩说》的先导节目《奇葩大会》当中，曾邀请蜜芽宝贝的创始人兼 CEO 刘楠作分享。照理说，蜜芽宝贝算是个有一定知名度的估值为几十亿元的公司，但对于观众来说，很多人未必知道这家公司。

在刘楠出场之前，礼仪小姐举着一个牌子来介绍刘楠，是怎么介绍的呢？

“和邓文迪一起喝下午茶的女人：刘楠。”只字未提蜜芽宝贝或者 CEO 身份。

观众不由得好奇，“和邓文迪一起喝下午茶”，这个介绍有点奇葩，有点莫名其妙，但又让人觉得很妙。妙在哪里呢？它是个鲜明的标签，且非常有画面感。邓文迪是谁，大部分人都知道；跟邓文迪一起喝下午茶，那么，应该也是个挺厉害的人吧。

接下来，刘楠伴着音乐出场，来到舞台中央，介绍了一个更加精彩的关于自我介绍的故事。说的是刘楠在一家外企工作，后来辞职在家待产，为了让孩子吃到境外食品，她顺势做起了淘宝店，一年销售额几千万元。她决定以这个项目来创业，想获得知名天使投资人徐小平的投资。

作为众多想融资的创业者之一，怎么才能吸引徐小平的注意力来投资呢？刘楠想办法获得徐小平的手机号以后，精心编写了一条自我介绍短信，徐小平收到后，马上约她面谈，并火速决定投资。这个故事也许有演绎的成分，但自我介绍应该是真实的，来看看这条带来几千万元投资的短信是怎么写的：

“您好！徐老师，我是一名北大毕业生。目前，正在淘宝开着一家母婴产品店。现在，这家店的年销售额已经达到 3000 万元。但是，目前我陷入了迷茫。我知道您是一名创业心灵导师，您能不能开导开导我？”

请注意这条短信加上标点只有 89 个字，比一条微博所限制的字数还少。你能看出来这条短信的用心和巧妙之处吗？逐句分析下这 89 个字。

“我是一名北大毕业生。”

这是一个非常显著的标签。徐小平自己有在北大工作的经历，投资也强调投人，尤其投北大、清华、斯坦福等名校的毕业生，比如，他投资过做聚美优品的毕业于斯坦福的陈欧。

“目前，正在淘宝开着一家母婴产品店。”

这是第一层转折。一般来说，北大毕业生不太会开淘宝店，就像北大毕业生卖猪肉是新闻，开淘宝店的人通常不要求高学历。

“现在，这家店的年销售额已经达到 3000 万元。”

这是第二层转折。这家淘宝店的销售额已经不低啦，它有何特别之处呢？令人好奇。

“但是，目前我陷入了迷茫。”

这是第三层转折。既然年销售额已经达到了 3000 万元，咋还迷茫起来了呢？

最后一句是“致命一击”：

“我知道您是一名创业心灵导师，您能不能开导开导我？”

看到没，并没有说想找投资，而是让徐老师开导开导自己。

换位思考一下，假如你是徐小平，面对这样的一条短信，能拦得住自己的好奇心吗？

顺便说一句，徐小平老师早年在新东方负责出国留学业务，在博客流行的年代，他就写过一个叫《邮箱里的烛光》的主题博客，还出版了多本人生咨询有关的书，做的就是给迷茫的青年答疑解惑、规划人生的事儿。

刘楠最后一句，这不是正中徐老师下怀么？

我猜刘楠发这条短信之前，是作了充分的“尽职调查”的。这条短信三层转折，营造了极强的冲突感。一个字都不浪费，像三把匕首，狠狠地扎在了徐老师那颗乐于开导迷茫青年的心头。

好的自我介绍要有 3 个特点

好的自我介绍，有如下 3 个特点：贴标签；主题相关；若可能，尽量营造冲突。

第一，贴标签。日常生活中，不要给别人贴标签，不要用标签化的眼光去看问题。比如，不要认为凡是东北人都必须很能喝酒，不要觉得独生子就一定娇生惯养，不要有刻板的偏见。

但自我介绍，要反其道而行之，主动给自己贴标签。

贴标签的目的是强化信号，建立记忆点。有了这个记忆点，才便于后面受众更全面地认识你。

第二，主题相关。你的姓名是哪三个字，一般来说跟一场知识性讲座的主题关联性不大，不应该是介绍的重点。刘楠的店铺销售额 3000 万元，就是与融资的主题相关。

第三，营造冲突。就是把看似矛盾或毫不相关的事情串联到一起，产生冲突感。营造冲突不是必选项，贴好标签就能获得 80 分，营造冲突可以超过 100 分。

做到上述 3 点，就能达到 3 个目的，引起好奇，激发兴趣，乃至建立信任。

可否举个具体的例子呢？我的自我介绍如下：

常金光，人称“穿牛仔裤的律师”，法天使—中国合同库创始人，《合同起草审查指南：三观四步法》作者之一。放弃了 35 家常年法律顾问，一心一意研究合同。

这 71 个字的自我介绍，最主要的标签和冲突感是“穿牛仔裤的律师”。请问，律师正常应该穿什么？当然是西装革履。因此穿牛仔裤就是个不同的记忆点，是一个冲突。后面是一个故事，放弃了原有客户，专门研究合同。那么这样一个人，今天将怎样讲授合同起草审查呢？

标签效果如何呢？图 2-1 是某次讲完课，听课的律师发的朋友圈，被人看到截图给我的。

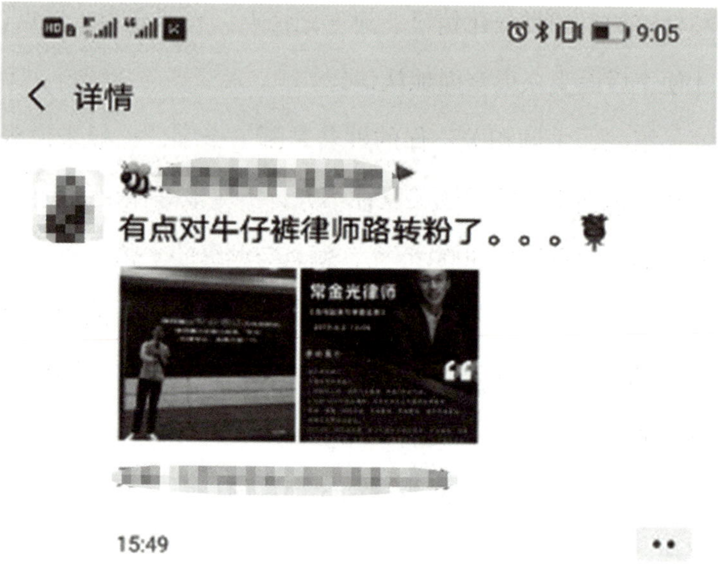

图 2-1　听课的律师朋友圈截图

可见，牛仔裤律师标签深入人心。

关于自我介绍的总结

自我介绍宜：标签化，与主题强相关，简洁有冲突感。忌：平淡，与受众无关，时间太久。

姜文的电影《让子弹飞》结尾有这样一个情节：周润发扮演的反派黄四郎被打败了，财物被人全部拿走，与姜文扮演的张麻子坐在椅子上，黄四郎问张麻子，钱和他，哪个对张麻子更重要，黄四郎疑惑地问："是钱吗？"张麻子摇头。黄四郎问："是我吗？"张麻子还是摇头。黄四郎一脸疑惑，张麻子给出了答案："没有你，对我很重要。"

观看的时候觉得这个回答很高级。尽管花篇幅讨论了自我介绍，但不得不说，自我介绍并没有那么重要。如果排序的话，好的自我介绍，好过没有自我介绍；没有自我介绍，好过冗长平庸的自我介绍，也就是说，哪怕没有自我介绍，开场就直奔主题，也是不错的方式。整场讲座内容才是你真正的自我介绍。重要的不是你自己说你是谁，而是受众听下来以后，通过你后面的内容觉得你是谁。关于自我介绍的讨论，更多是强调用户视角，讲师讲课是在编织受众的好奇心，从开场自我介绍到后面的内容，都是如此。

性格内向害怕自我介绍，能讲好课吗？

有朋友说自己性格内向，平常见到人都不好意思打招呼，上台讲课第一步的自我介绍，就会有非常大的压力，这种情况能讲好课吗？下面说说我的真实经历。

小时候有好几年最怕过夏天，为啥呢？我家里有两个姐姐，八九岁时，在农村，夏天父母在地里干一天农活回家，就会让我到街上去买西瓜，给家里人消暑解渴。

而我呢？一想到要到街上买西瓜，需要跟卖瓜的人打招呼、说话，就窘迫得不行。连续几次我都拒绝，最后是两个姐姐熬不住，不得不代替我去买西瓜。作为家里的男孩，我内向到连上街买个西瓜的胆量都没有，让父母相当失望。对自己内向性格的懊恼感，至今我还记忆犹新。

可是，当初那个独自上街买西瓜都脸红的孩子，如今已经到处讲课以当众说话为工作了。在面对千人律师的大会场，我也能游刃有余地把课讲得精彩，让大家有所收获。我的真实经历说明，性格内向并不是讲好课的障碍。讲课是个技术活儿，有它的客观规律；掌握这些规律，就能把课讲得精彩。这一点，请你坚定地相信。

实操细节：给主持人准备好手持介绍卡片

讲师上场前，往往会有主持人介绍讲师。主持人可能会犯一些无心的“错误”，比如，到网上搜索一些讲师的信息，但这些信息未必准确，长短也未必适宜。再比如，主持人跟讲师不熟悉，为了防止主持时忘词，把讲师资料放在手机里，但主持时拿着手机读会显得不合适，导致主持人手足无措。

有的主持人过于热情，滔滔不绝地把讲师的很多信息讲出来，有些原本可以作为讲课包袱的，也被提前说了。更糟糕的情况是，主持人内容过多，占用了正课时间，会影响讲师的整体内容安排。我在线下举办过多期合同讲师课，在晚上的环节，我会邀请一位戏剧商学院的培训师 Johan Wang 来给大家做即兴表演的培训，这对提高大家在讲台上的表现力、激发大家的活力很有帮助。Johan Wang 在跟大家做完培训后的最后一个环节，会揭示自己的真实身份：一位专注娱乐法领域多年的律师。大家会惊诧又喜悦地觉得，哇，原来是律师同行，即兴表演却这么棒。为配合这个小小的环节，每次开场介绍他的环节我们都会刻意隐去他的律师身份。

其实，主持人的介绍也是讲座的一部分。在不同地方讲课，不能寄希望于主持人恰如其分、妙语如珠的介绍。最稳妥的办法，就是提前准备一张手卡，把自己希望介绍的内容交给主持人，并叮嘱一句："您完全按照这个手卡读就可以了。"根据我的讲课经验，往往是正式开场前十几分钟把手卡给主持人就行。反正内容不多，看一眼就可以；如果提前给了，主持人搞不好还不小心弄丢了。

不要对他人期待太高，自己可控才是关键。

1.2　练习：写一份自我介绍

此刻先停下阅读，按照本节讲述的规则，字数控制在 100 以内，写个自我介绍。试着擦亮自己的标签，并营造一些冲突感。标签提炼好以后，尽快找场合试用一下，比如，发微信给朋友（也可发给我，微信：fatianshi325），看看效果。请注意，标签要多次重复使用，而不是只有一次使用。每次讲课都使用相同的标签，强化受众的认知，让它成为你独一无二的标志。

1.3 开场的方式：讲个故事或直入主题

不好的开场是相似的

假如你受福州市律师协会邀请，为当地 300 位律师开展一场 3 小时的讲座，以下 5 种开场方式，你认为哪种最合适呢？

- 今天非常高兴来到福州，感觉福州的朋友们热情好客，遍地美食。

- 感谢福州市律师协会的邀请，律师协会会长特别用心，做了大量准备工作，因此首先要特别感谢律师协会的张会长。

- 今天天气非常不错，福州气候很好，下飞机的时候，感觉这里不冷不热，非常舒服。

- 大家好，看来福州的律师都很爱学习，在这样的周末，大家牺牲宝贵的休息时间来参加学习，真是特别了不起。

- 在开场之前，我先调查一下，有多少人喜欢起草审查合同？请大家举一下手。

这几种开场都挺常见的，不信下次类似场合留意一下，多半会落入其中之一。猜猜看，公开讲座，嘉宾上台后拿起话筒说的最多的第一句话是什么？我的观察是，“今天非常高兴……”绝对高居榜首。

这句话有错吗？本身似乎没错。但太俗套，俗套到失去了传递信息的意义，变成了“僵尸”语句，会从受众耳朵里滑过去，因此可以说俗套本身就是错。俗套最大的“恶果”是降低了表达效率，它会启动受众“这段话不重要”的潜意识，它使受众处在忍耐状态，而不是好奇和求知状态。当用一句“今天非常高兴来到这里”开场的时候，你正在亲手关上受众好奇的心门。

你应该出其不意，违背受众的预期，从第一句话就与众不同。在喜剧中有所谓预期违背理论，笑之所以会发生，是因为后面信息违背了受众的预期。你以为会是 A，结果却是 B，意外带来惊喜。

一个相声段子，逗哏问：“听好题啊，说有一辆公交车上有 10 个人，到站了上来 5 个，下去 3 个；又到站了上来 4 个，下去 6 个；再到站了上来 6 个，下去 1 个……”捧哏每站的加减做得非常用心，恨不得掰着手指计算。如此一番之后，逗哏说：“请问，公交车一共停了几站？”捧哏当场傻眼，观众大笑。这个发笑是怎么产生的呢？所有人都预期逗哏要问最后公交车上有几个人，结果呢？偏偏问的是公交车停了几站。

回到讲座的开场问题上，如果认同开场很重要，需要抓住观众的注意力，那就不该以一个俗套的方式开场。俗套的开场，顶了天也就只能是 60 分，与 100 分无缘。直入主题是种美德，俗套的开场是浪费时间。

回到前面给的 5 种开场方式：前 3 种是俗套的客气话；第 4 种是称赞了现场的受众，却因为无特定对象而无效；第 5 种是一个开放的调查，既俗套又不会有太好的反馈效果。它们要么缺乏新意，要么与主题无关，充其量都是只能得 60 分的开场方式。

好的开场各有不同

好的开场应该是可以塑造气氛，引发兴趣，与主题或受众强相关。

有一次我参加北京苏州桥附近一个创业者活动，主办方是一个创业社区类的房地产项目。那天的活动备受欢迎的原因是，活动参与者有雷军、罗振宇等知名人士。活动在夜晚露天场地举办，出于巧合，我左侧坐着罗振宇，前面坐着雷军。这使我可以清楚地看到他俩上台演讲前的种种细节，罗振宇的开场让我印象深刻。他是如何开场的呢？

先介绍下背景，彼时罗振宇也才刚刚做“罗辑思维”，还没有后来的“得到”项目，广为公众所知的是，他每天通过公众号发布一个 60 秒的语音。

那天走上舞台，他只用了一句话开场："大家好，我就是那个每天坚持 60 秒的胖子。"

这句话说完，下面掌声雷动，一片欢乐气氛。对于当时的罗振宇来说，可能没有任何其他开场，能以如此高的效率抓住自己为公众所知的特点，一句话营造氛围。好的开始是成功的一半。开场最重要的目的是抓住受众的注意力，为后续内容的铺陈做好准备。如果一开场就落入俗套，失去受众注意力，那么后面也就更难成功。

人们如此容易在不知不觉中陷入惯性。有一年演员赵丽蓉和巩汉林表演小品，赵丽蓉扮演一个评剧演员，巩汉林想用现代方式包装她，让她改变传统的评剧唱法，每唱错一句，就扣钱。开始赵丽蓉每次一开口，就是错的，马上被扣钱。当然这是那个小品的剧情设计，小品本身最后其实是为了讽刺巩汉林的角色。举这个例子不是说赵丽蓉扮演的角色不好，而是想表达很多人的演讲开场被既有的习惯深深裹挟，毫无新意，真让人感到遗憾。

几种常见好用的开场方式

5 种好的开场方式：故事，提问，展示，事实和数据。

第一，故事。讲故事的好处几乎尽人皆知，但还是没有被足够重视。书面文字、视频或其他介质被发明之前，传播知识的主要方式就是讲故事，这是根植于人类历史之中的事。千百年来，故事在一代又一代人之间口口相传，女娲补天、精卫填海、上帝造人、孟母三迁、岳母刺字等故事，大部分人都耳熟能详。

很多高校都喜欢在毕业典礼上邀请知名人士演讲，也有很多知名人士作过演讲，乔布斯在斯坦福的毕业演讲广为流传，相信很多人和我一样多次看过。如今我写书稿时无须翻阅任何资料，也大致能复述他的演讲内容，他说要讲的没什么特别了不起的，只想分享 3 个故事。

第一个故事是他从小被生父母“遗弃”，没有大学学历的养父母承诺让他读大学，这样生父母才签字同意领养。第二个故事是他被自己创办的苹果公司董事会赶出苹果公司，他由此大有收获，这是他经历过最有意义的事情之一。第三个故事是他罹患癌症，幸而被“治愈”。最后，他留下了那句流传甚广的名句：“Stay foolish，stay hungry。”若干年后，北京有个做肉夹馍的餐饮创业项目，在自己店面门口的广告文案调侃这句名言，故意把它翻译成“待着就变傻，待着就会饿”，让人看了会心一笑，广告效果颇佳。

仔细看乔布斯那个演讲视频，会发现其实没有太多技巧，没有特别铿锵有力的发音，没有权威感人的手势，甚至全程几乎没有脱稿。那么它的精彩来自哪里呢？它讲了不止 1 个故事，而是 3 个好故事。这 3 个好故事，某种程度上都是被遗弃的故事。明明是一个西方科技企业家，却让人感觉充满东方禅意，韵味无穷。

可能有人认为，他的这个演讲之所以精彩，是因为他是乔布斯。其实并不全然如此，在后面如何讲好干货部分，我们进一步来展现讲好故事的魅力。讲好故事，不止是好的开场方式，更是正式内容部分的首选方式。区别在于，用于开场的故事要注意篇幅，避免因为篇幅过长而头重脚轻。

请记住：任何一次讲课或演讲，构思内容第一重要的事情，是好好为它准备一个精彩的故事。

第二，提问。提问是很常见也很好的开场方式。留心观察，有相当比例的讲课或演讲会以提问开场，遗憾的是，大多数没有用好。

在开场之前，我先调查一下，有多少人喜欢起草审查合同？请大家举一下手。

猜想一下现场受众的反馈如何呢？很有可能发现没什么人举手，尤其人多且彼此陌生的场合。于是讲者不得不换个问法：

好吧，那么不喜欢起草审查合同的朋友，举个手？

很遗憾，还是没什么人举手，于是讲者又尴尬地问：

喜欢的不举手，不喜欢的也不举手，那大家到底是怎样的啊？

这个开场，就以这样尴尬的方式收场。这个场，就没开起来。问题出在哪儿了？

受众对你没有好奇心，对你有信任感之前，没有义务跟你积极互动。另外请注意，永远不要在开场时说“在正式开场之前”或“在讲正式的内容之前”这样的话。

因为当你说第一句话的时候，你已经在开场了。没有什么开场之前或正式的内容之前，受众的注意力是宝贵的，为什么在最宝贵的开头，随意挥霍掉呢？

怎样的提问才是恰当巧妙的呢？结合后 3 种方式——展示、事实和数据一起举例子。

有一次，比尔·盖茨受邀到新世代厕所博览会上作演讲。一开场，比尔·盖茨非常奇怪地拿了一个透明瓶子，瓶子里盛有一坨黄色的物体。没错，这坨黄色的物体不是别的，而是人的粪便，俗称“屎”。

这个画面非常有冲击感，一个世界级的知名富翁，亲手拿着一坨屎，随后向现场受众提了一个问题：

请问，有人知道这小小一瓶人类粪便里，能携带多少病毒吗？

下面一阵沉默，接着他说：

这么点儿粪便就能携带 200 万亿个轮状病毒、200 亿个贺氏菌和 10 万个寄生虫卵。

好了，假定这个演讲到此结束，我觉得这个演讲已经成功了。毫无疑问，如果这么儿点粪便就携带这么多病毒和寄生虫卵，那么厕所的改造和优化当然无比重要，进而他所做的工作就值得大家重视和参与，这次演讲的主要目的就已经达到了。

在这个故事中，集合了提问、展示、事实和数据 4 种方式。提了个具体的问题，展示了有冲击力的实物，阐述了一个一般人不知道的事实，给出了具体的数据。力量由此而生。

其中，数据是特别值得重视的方法，因为准确的数据本身代表了权威。在一个关于号召重视交通事故的讲座中，讲者在开场想要强调中国交通事故之多，那么数据是很好的开场方式。

假如说成："在中国，每年发生很多交通事故，造成巨大的生命和财产损失，因此大家务必重视。"这是平淡无力的。

作为对比这样说："2016 年，共接报道路交通事故 864.3 万起，造成 63,093 人死亡、226,430 人受伤。"马上就会让人觉得事情很严重。

还有更好的表达方式："各位，在接下来我讲课的 3 小时中，中国将平均有 22 个人死于车祸"。

想想看，接下来的 3 小时，可能会有 22 个生命离开这个世界，这不仅让人觉得事态严重，更让人觉得不可忍受，必须马上采取措施改善。需要指出的是，数据虽有权威感，但并不亲切，甚至会产生疏离感。因此数据不可过度使用，不可成片地提供大量数据，每个数据也应"翻译"成更容易感知无须思考的含义。适当使用，准确使用，注意场景并明确解释含义，是使用数据的注意事项。

合同课是如何开场的?

我会提一个具体问题：

有人知道中国每年的民事案件中，合同纠纷大概占比多少吗?

这是一个与合同起草审查主题相关且明确具体的问题。现场会陷入沉思，不同数字在大家的脑袋里跳出来，有人小声说，40%？ 50%？或者其他数据。

这时我会按遥控笔，屏幕上飞出一个扇形统计图，见图 2-2。

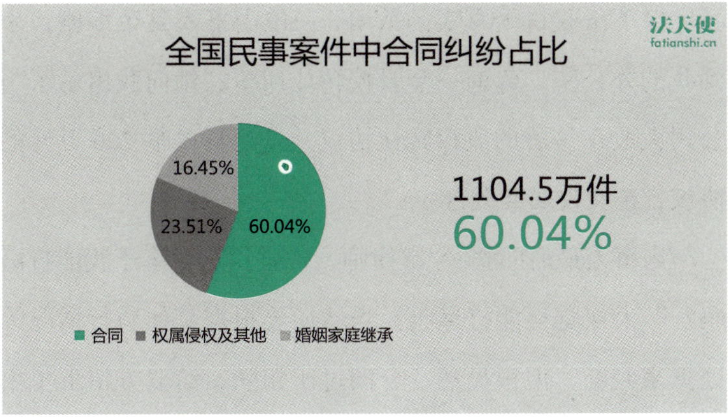

图 2-2　3 小时合同课课件示例

这里要提醒大家，可以适当使用动画功能，确保在屏幕上的问题和答案不要同时出现，而是在提问后，留给大家短暂思考数字的时间，然后再出示答案。

根据 2016 年最高人民法院给出的数据，2015 年中国各级法院受理了 1104.5 万件民事纠纷，其中 60.04% 为合同纠纷。接着快速“翻译”它的含义：这意味着一半以上的民事纠纷都是合同纠纷，合同的品质对保护当事人利益十分重要。出处明确，紧扣主题，给出准确具体的数据，具有很大的吸引力。我以近 200 场的讲课经验证明，每次讲到这里，现场的听众朋友们会纷纷举起手机拍照，足见大家认为这项内容非常重要，紧紧抓住了大家的注意力。

接下来我讲个真实的故事：一位当事人是个编剧，来到我的办公室，咨询一个股权转让纠纷，她向我出示了与公司大股东签署的股权转让协议，这份标的额 200 万元的协议，正文仅寥寥数行。

当事人最后问我："常律师，你觉得这个案子我能打赢吗？"大家觉得能打赢吗？当然还要根据具体履行情况等证据来判断，但很显然，合同过于粗陋，给双方留下了更多的争议空间，使这个争议更难通过协商来解决，进而导致更多诉讼的发生。（见图 2–3）

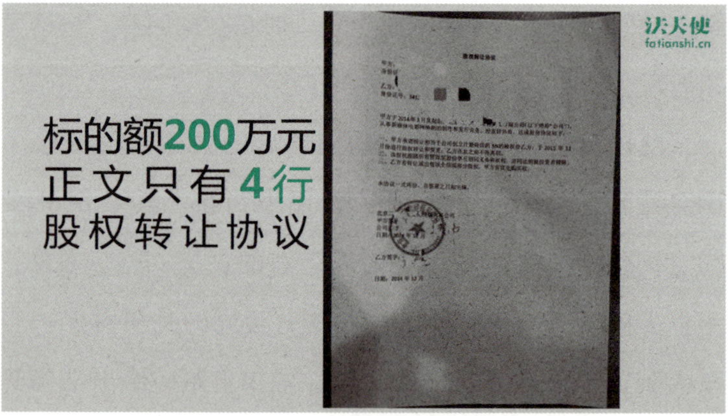

图 2–3　3 小时合同课课件示例

结合前面大量的诉讼数据，可以得出结论，当事人自己起草的合同粗陋，容易埋下隐患，迫切需要律师等专业人士起草高品质的合同，这是真实可触的市场需求。这就是接下来课程要分享的重点了。

仅就这个事例来说，也有须注意的细节。比如，在课件上显著载明这个协议的特征“标的额 200 万元，正文只有 4 行，股权转让协议”，这使受众一眼就能抓住这个例子的重点，它想表达的是协议的粗陋，而不是强调其他细节，避免受众陷入其他方面的思考，紧紧抓住受众的注意力。

如何克服紧张？登台后的黄金 5 秒钟

如何克服上台的紧张，是很多初讲课者面临的问题。有一项出处不明的调查显示，在人最害怕的诸多事情中，排行第二的是死亡，排行第一的是当众演讲。这个调查的真实性有待考证，但上台紧张的确是普遍现象。

紧张来自本能，想象远古时代，工具和武器落后，一个人在树林中被一群狼包围，基于本能应该是逃跑，紧绷的肌肉是为此做好的准备。当众讲课时，面对台下几百人的目光，虽然大家并不是狼，但也足够唤起人类骨子里的自我保护意识。有人建议把受众想象成坐在台下的大白菜或者萝卜，听起来可行，实际上并无什么作用。

面对紧张，合适的态度是接受它，不要强行要求自己克服它，直到你的身体习惯了这一切。我建议你享受这种紧张感，至少在理性上。实操细节如下：

第一，无论内心多紧张，缓缓走到讲台中央。关键词是“缓缓”和“讲台中央”。没走到讲台中央前不要开口，不要说一个字。我见过不少人慌张地走上台，人还没站定，就拿起话筒开始问好。有的从始至终没能站到讲台中间，全程在角落里讲课，这都是不恰当的做法，从一开始就要避免。

第二，站定后 5 秒钟内，仍然不要开口说话。目光迎着受众，用下巴在会场画个大写的字母“Z”。下巴抬起，朝着会场最远处左侧的角落开始画，画到远处最右侧，然后一条斜线回到最近处左侧，最后落到最近处右侧。在这黄金的 5 秒钟内，你的目光正在跟现场几百位受众的目光在空中展开第一场“战斗”。迎上去，不要怂。放心，大家不会真的上来动手揍你的，你也不用拔腿逃跑。

有一次我开合同讲师课——就是教大家怎么讲好合同的培训课程。一位学员实在太紧张了，手和腿都肉眼可见地抖动。在最后的超级路演环节，我跟他开玩笑说：“你干脆采用‘破罐破摔’的办法，上台第一句话就这样说，‘大家好，下面我给大家表演一下腿抖’就好了。”

你可能会说，我本来就紧张，这样岂不是更紧张？前面说了，接受它，享受它。当你的阈值被提高，紧张将永久告别你，甚至未来“苦恼”的是，怎样才能让自己适当紧张。

很多次讲课前，我坐在会场的角落，看着空空的会场被几百上千位律师陆续坐满，人们有的翻阅着课程资料，有的拍照，有的小声说话。开场时间到，我将缓缓走上讲台，为大家讲一堂精彩的课程，内心平静而喜悦。

PPT 的封面应该是怎样的？

一次讲课并不是从讲师上台的那一刻才开始的，此前的环节也值得重视，是“讲课”这个产品的一部分。大部分讲师讲课都用 PPT，关于 PPT 的问题，这里先说封面，也就是在讲师上台前，大屏幕上展示的那个页面（见图 2-4）。

图 2-4　3 小时合同课课件示例

先来批评一下这个封面：设计算不上精致，二维码小一些可能更美观，把照片放得很大有自恋的嫌疑。再来表扬一下这个封面：背后有它的逻辑。在这个封面上，没有一个元素是多余的。

第一，人像照片不是自恋。想象一下，这个封面出现的场景是哪里？是一个大大的会场，在开场前的大约半小时甚至更久的时间里，受众陆续到场。

100 页的 PPT 中，这页是露出时间最长的页面。长达半小时等待开场的时间里，这张封面在无声地起着帮你“自我介绍”的作用。受众其实也有天然的好奇，今天谁讲课？是个什么样的人？你的文字简介，大概率已经在报名环节被看过了。当下没有什么比一张清晰的、足够大的照片更能说明稍后讲课的人是谁。

提前到场的受众是很容易无聊的，等待总是漫长的。大家小声说话、聊天、拍照。拍照后还会发朋友圈，朋友圈配文可能是“来听讲座，好好研究合同”。拍的照片背景可能就是台上这张封面。顺便提醒，不建议把自己有边框和背景的照片直接贴到封面，可以找设计人员抠图出来，没有设计人员？网上很多自动抠图工具，自助抠图也很容易。

第二，实用与美观的平衡。二维码为什么要这么大呢？

原则只有一个，就是让会场最后一排的受众，举起手机也能轻松自如地用微信识别它。小一些可能更美观，但可能识别不出来。特别提醒，不少会场的屏幕是非标准尺寸的，会把二维码拉变形，那就要在 PPT 中提前把二维码反向调整，使非标准屏幕中的二维码也是标准正方形。

坐在大会场后排的受众，可能看不清课件。封面设置二维码，用户添加助教微信后，对少数内容较复杂的页面，可以请助教实时同步发到受众群里，让大家看清楚内容。但是请注意，不建议提前分享全部课件，避免让受众注意力在课件上，从而分散了对讲师的注意力。是否分享课件，不同人想法不同。如果愿意分享，则可以在讲座结束后分享，在封面二维码下标注：扫码获取课件。另外提醒，二维码最好是讲师助教的二维码，不建议一开始就提供讲师自己的二维码。在受众对你没有认同感之前，添加微信是没有意义的；况且讲课过程中，讲师应该只负责把课讲好，通常不太能有精力同步发送资料。

第三，显示出讲座主题和讲师机构。主题和机构是应有的信息。哪些信息是这张封面刻意没有的呢？讲座时间和地点、花哨的装饰。凡是来到现场看到这个封面的朋友，当然已经知道了地点和时间，地点和时间是非必要信息。既然非必要，干脆就不要。讲师的名字？写上没错，不写也无妨。原因如自我介绍部分所述，名字是什么不重要，讲得怎样才重要。

在示例封面上有这样一句话“法天使合同公开课第 115 场成都站”，它是否可有可无呢？建议有。它说明这不是一次临时偶发的讲座，而是多次多地讲授的系列讲座。在我讲课时，很多地方的律师协会邀请去讲课，就是因为知道这是个系列讲座。由于看到有律师朋友圈发照片，律师协会的相关工作人员就侧面打听如何联络到我。如此一来，不仅降低了工作人员的对接成本，也有助于活动的持续开展。至今我还记得，2019 年第 100 场公开课，是浙江省绍兴市律师协会举办的，这些场次的记录，也成了我记忆的一部分。

关于 PPT 背景色，我一直用黑色搭配法天使的标准色（注：本书中因为印刷的原因调整为了灰底。），有两个原因。第一，黑色对坐在前排的受众最友好，换成白色或其他亮色会很刺眼，让前排受众不舒服；第二，不同场地的屏幕品质不一，个别屏幕有噪点，黑色背景是最包容这些噪点的。这一经验源于 2 天 1 夜的线下合同实训营，由于课程要讲 2 天 1 夜，前排学员几乎是不能忍受这么长时间的亮色屏幕的，黑色是温柔的。即便如此，2 天 1 夜的课程也会在次日刻意调换位置，让学员有均等的座位体验。

实操细节：适当使用循环放映功能

有时主办方会自行制作主背板，比如，“某某市律师协会 2022 年度律师培训”，制作主背板用于拍照，便于后期拟写新闻稿。如果把讲师的课件首页作为拍照背景则不符合主办方的上述需求，此时可以采取的措施是指定几张幻灯片，循环播放。在开场前的候场阶段，大屏幕的背景会在指定的几张幻灯片间自动循环放映，既能满足主办方的拍照需求，也能满足呈现讲师信息的需求。

下面以苹果电脑 Office 365 中的 PPT 说明具体操作，其他版本的办公软件有同样功能，设置方式可能稍有差别，可自行确认。

第一，把主办方制作的主背板存成一张图片，将图片插入讲师课件 PPT 作为首页。

第二，在“幻灯片放映”功能下选择“设置幻灯片放映”，勾选“循环放映，按 Esc 终止”，选定第 1~2 页幻灯片（如果希望循环播放多页，则设置对应数量的页面即可，见图 2–5）。

图 2–5 循环播放设置演示（1）

第三，在“切换”卡片下，为希望循环播放的页面勾选“自动换片间隔”，并设置间隔时间，比如，30 秒或 1 分钟。此时指定的前两页 PPT 会在候场期间每隔 30 秒或 1 分钟自动切换。（见图 2–6）

图 2–6 循环播放设置演示（2）

在正式开始讲课前，记得取消循环播放设置，避免讲师讲课时无法正常向后翻页。

1.4　练习：为你的讲座写一个简短有趣的开场

按照本节讲述的规则，字数控制在 300 以内，为你的讲座写个开场。试着通过讲故事、提问、展示某种实物、揭示一个一般人不知道的事实或给出一个权威数据的方式写开场。写好以后，尽快找场合试用一下，比如发微信给朋友，看看效果。请注意，多种方式结合使用，并不断调试为最佳效果。

2 如何设计结构：结构的核心是逻辑

如第一章所述，讲课就是把网状的思考，通过树状结构，用线性的口头语言清晰地表达，进而塑造听课者的感受。讲课与写作有相通之处，也有不同之处。相通之处在于都要把网状思考整理成树状结构，然后进行线性表达。其中“树状结构”部分，就是本节要讨论的结构问题。

2.1 结构的核心是逻辑

有人讲课听起来说了很多话，课件上写了很多字，恨不得讲到口吐白沫，诚意扑面，但受众就是无感。可能受众也不知道原因，就单纯地觉得这个老师讲得不好，没干货。讲师也感到委屈。出现这种情况多半是因为结构不行，逻辑出了问题。

如果一堂课是座精美的大厦，最重要的无疑是大厦的结构。建筑的美，首先来自结构之美。课程的好，也来自结构的好。建筑结构表现为尺寸、角度和比例。那课程结构表现为什么呢？表现为逻辑，逻辑让人感受到正确。“人皆有一死，苏格拉底是人，所以苏格拉底会死。”这是形式逻辑的经典表述，大前提、小前提和结论。即使没学过逻辑学，也能感受到它必然正确。这就是逻辑的力量。

如何设计讲课的逻辑呢？讲课就是在编织受众的好奇心，逻辑就是触碰和满足好奇心的顺序。围绕讲座主题，基本逻辑单元如下：

挖坑：展示现象或营造冲突，从而提出一个有价值的问题；

填土：展开分析论证；

平坑：给出结论或解决方案；

踩一踩：请受众验证。

挖坑、填土、平坑、踩一踩，就是讲课的基本逻辑。（见图 2–7）

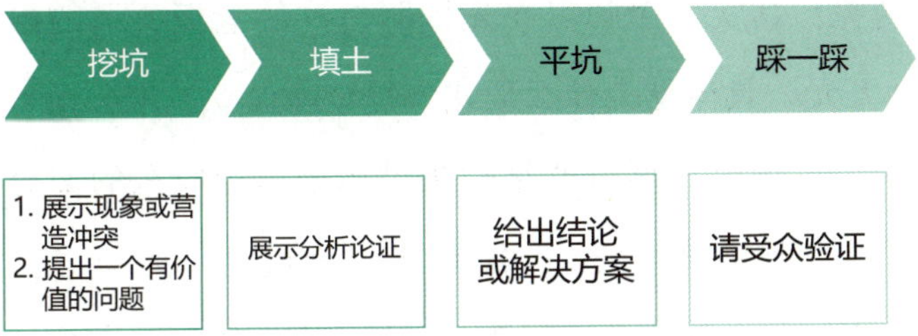

图 2–7　逻辑结构

在实际讲课时，每个逻辑单元未必包含全部环节，可以根据具体问题把握，比如，可以没有营造冲突的环节，直接提出问题；也可以没有验证环节。取舍标准在于是否能够充分、有力地说明了问题，产生了足够说服力。以我的观察来看，不少人上来就分析问题，可观众并不明白正在分析什么，这是因为没有明确问题；有的人上来提出了问题，开始分析，但没有充分地铺垫、说明问题的必要性，受众的获得感和参与欲望也会比较低。

举个例子，在法天使的“三观四步法”中，要向受众讲解中国合同分类法，如果上来就讲什么是中国合同分类法，这个分类的意义和价值，往往效果甚微。因为受众心里有个疑问：为什么要了解这个东西？所以必须先营造冲突，提出问题。那需要营造的冲突是什么呢？比如，一个企业的老板过来找律师，说要投资 200 万元参与个项目，请律师起草合同。那时律师该怎么动手起草合同呢？其实，律师需要先搞明白这位老板所谓的投资 200 万元，具体是个什么形式？是全新设立一家公司？是向一个目标公司增资？是购买目标公司老股东的部分股权？是借款给某家企业？是签署一份合伙合同？

当律师在确认上述问题的时候，实际上就是在作“翻译”：把当事人的商业需求，翻译成某种合同类型。那么问题来了：律师应该怎样做好这份翻译工作，商业交易纷繁复杂，律师要面对、处理的交易场景一共有哪些呢？这是一个有价值的实际的问题。有了好问题，才需要好答案。中国合同分类法就是这个答案。

整个课程要围绕这样的逻辑设计结构；课程中的子问题也围绕这个逻辑设计结构。大主题和子问题层层嵌套，就绵绵不绝地产生了说服力，在受众心目中得出“苏格拉底会死”这样一个毋庸置疑的结论。

金庸小说《笑傲江湖》里，令狐冲练得了独孤九剑，带一众江湖高手去少林寺救任盈盈，中途遇到了一位牵毛驴的绝世高手，这人是谁呢？武当派的老大。这位高手的剑术特点就是不停地画圈圈。一个一个小圈圈，小圈圈外面是大圈圈，果然令狐冲几乎也找不出漏洞。虽然小说中的武功是杜撰，但莫名让人信服。讲座的逻辑跟这个圈圈道理是相似的。你可以在讲课过程中暂停下来问自己，当前说的这句话究竟在哪个逻辑单元？是这个逻辑单元的哪个环节？它是必要的吗？它是恰当的吗？

2.2　开场的逻辑拆解

下面用 4 张幻灯片展开合同课的开场逻辑。

挖坑：展示一个现象或冲突，进而提出一个有价值的问题

在很多次讲座现场，我都会通过公众号作一个调查，请律师投票评价自己的合同起草审查水平。由于调查是现场作出的，每个人亲自参与，平均来看大约有 20% 的律师会认为自己的合同水平低于 60 分。这一结果其实相当令人意外，因为从普通社会公众的视角来看，律师起草审查合同，大约相当于厨师炒一个土豆丝那样的平常工作；但从律师自己来看，这么多人自我评价都不高。（见图 2–8）

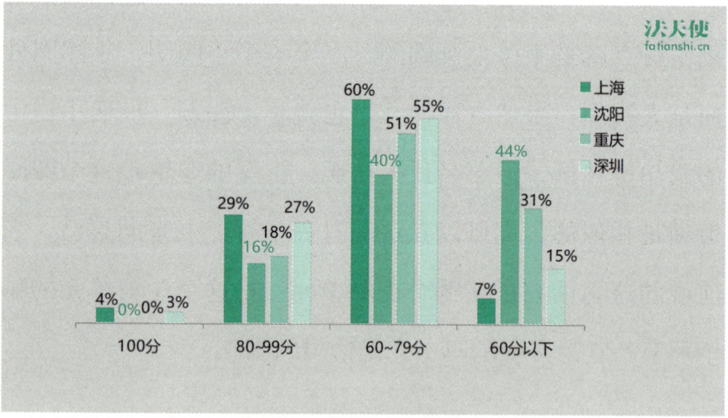

图 2–8　3 小时合同课课件示例

这是一个现象，也是一个冲突，不禁令人产生疑问：究竟为什么呢？

填土：展开分析论证

律师对自己合同水平评价不高的重要原因是合同服务缺乏标准。最直观的表现就是，如同一份股权转让协议，让 10 位律师审查，交付的结果可能差异巨大。有的律师根据交易背景可能提出改变交易结构，把股权转让交易调整为资产购买协议，这样一来，合同被推翻重写；有的律师对合同的审查意见则可能是简单的 3 个字“没问题”。（见图 2–9）

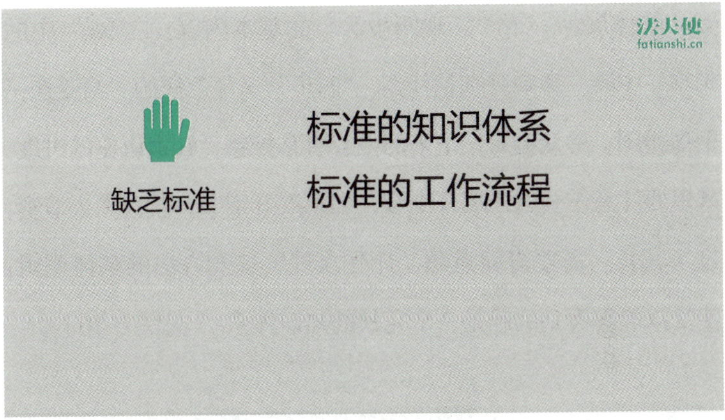

图 2–9　3 小时合同课课件示例

这就展现出一个大家习以为常但深究之下其实值得思考的结果：同一个服务需求，交付的结果差异巨大。固然服务区别于有形的商品，但恐怕也很难说，每位律师的服务都是好的，都是专业的。归根结底，合同起草审查服务作为一项专业服务，也应该有基本的标准。让所有法律专业人士能够有相对统一的话语方式。

这就是法天使合同方法的基本逻辑：向法律人提供一个标准，而标准又具体拆分为：标准的知识体系和标准的工作流程。这就有了“三观四步法”，标准的知识体系是“三观”，标准的工作流程是“四步”。

那么，“三观四步法”具体有哪些内容呢？

平坑：给出结论或解决方案

整体展示一下“三观四步法”的基本内容，“三观”中的宏观、中观、微观分别是什么，“四步”又是怎样的。给受众一个鸟瞰图，受众会对接下来的内容有掌控感，知道讲座的进度。这里要注意不要过于展开细节，如果展开细节，就会失去节奏，过于冗长。需要言简意赅，让受众理解这套方法的整体逻辑，使受众能够看到的确是一个完整的知识体系。（见图 2–10）

图 2–10　3 小时合同课课件示例

踩一踩：请受众验证

验证环节并非每个小逻辑所必需的，但重要的内容则应该有验证环节。受众会通过验证而确信结论。在开场环节中，会明确接下来的内容，向大家具体展开合同起草审查的方法，也即对前面所述“三观四步法”的验证。（见图 2–11）

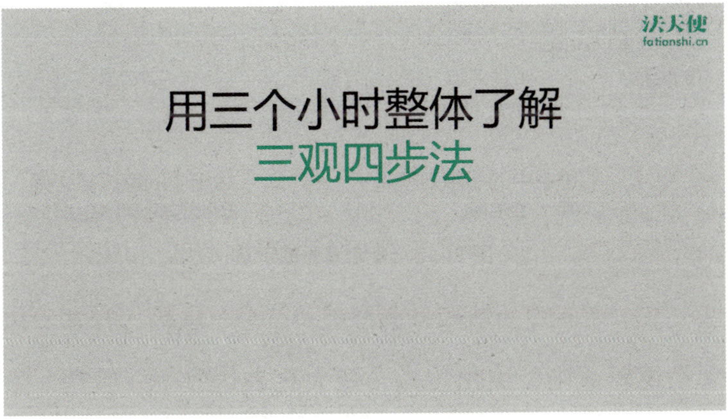

图 2–11　3 小时合同课课件示例

以上 4 页 PPT 是整个讲座的开场部分，是一个小的逻辑闭环。接下来各部分内容在讲到每个知识点的时候，也都尽量遵循这样的原则。在本书第三章完整的合同课实例中，会提供全文稿，你可以选取其中任意一个环节，查看它的逻辑结构。

2.3 “总分”结构还是“分总”结构

关于逻辑结构，最适合参考的书籍是《金字塔原理》，该书的一个优点是提供了具体的练习题，要求大家不仅明白道理，还要具体练习，本书借鉴了这个优点，每部分内容也给大家“布置作业”。（见图 2–12）

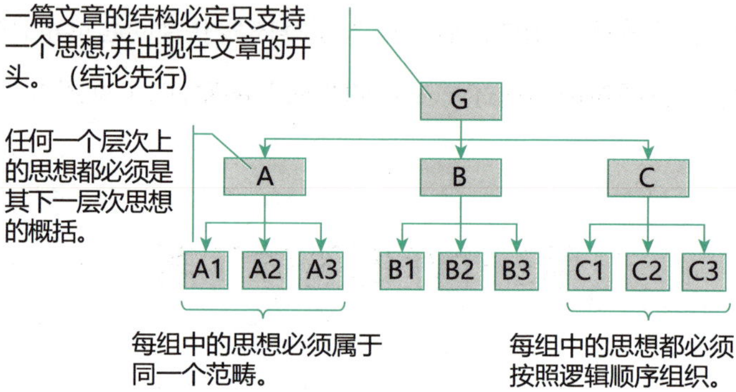

图 2–12　金字塔原理示意

金字塔原理的结构是典型的“总分”结构。其基本理念是逻辑清晰，突出重点，最大化表达效率。但是，除了“总分”结构，对应的还有“分总”结构。“分总”结构就是先进入分论点，得出一个小结论；再进入第二个分论点，得出第二个小结论；再进入第三个分论点，得出一个小结论；三个小结论合在一起，又得出最后的大结论。此种结构可认为是“倒金字塔结构”。

与金字塔的“总分”结构相比，“分总”结构的好处是更容易启发受众思考。如果运用得好，会有更棒的效果。但是，它对讲师讲故事的能力，紧紧抓住用户注意力的能力要求更高。讲师若自信有能力紧紧带着受众走，一直抵达终点，就会很精彩；相反，如果能力不足，受众跟了一段，不知道想表达什么，就可能半途离场。“分总”结构是更要求“艺高人胆大”的结构。

回到前面的四步逻辑方法，“分总”结构可以简化为两步：一个精彩的故事，得出一个结论。这种方法尤其适合时间较短的演讲。想想看，一个 20 分钟的演讲，你用金字塔结构展开，有时会有点扫兴，下面来模拟一下。

正常的“总分”结构的金字塔，上来就老实交代核心观点：法天使想为中国法律人起草审查合同提供标准。然后通过 3 个方面论证这个观点：第一，所有成熟的行业都需要有标准。第二，目前已有的标准中很多都不是工业制造业的标准，而是服务业的标准，但法律服务业还没有标准。第三，法天使通过多年努力，具备了建设、推广合同起草审查标准的条件。

这样的结构固然清晰，但显得中规中矩，缺乏悬念。

2021 年 6 月 6 日，法天使牵头发起了业内首个关于合同起草审查的团体标准，在北京召开关于标准的发布会，现场有来自全国各地的 600 多人，后来中央电视台、北京电视台都作了报道。这场大会我演讲的核心目标，就是向法律人展示合同标准的意义以及法天使将如何推动标准的建设。我如何做的呢？

大概在大会召开前的 1 个月，我都在花时间做一件事：为这个演讲，找一个好故事。作为开场，这个故事需要能吸引受众的注意力，让受众意识到标准的重要性；这个故事还要放到最后以首尾呼应。假如受众离场，只记得我讲的一个内容，我希望是这个故事。

在开场的逻辑单元，实际上采取的就是先故事、后结论的“分总”结构。终于，一个精彩的故事被我找到了：《集装箱改变世界》的故事。

我在 PPT 上放上了这样两张对比图（见图 2–13），展现集装箱发明前后的码头，然后讲述了这样的故事：

图 2–13　中国合同标准大会常金光演讲 PPT

在集装箱诞生之前的码头，货物的装卸需要大量的码头工人人工搬运，低效且辛苦；而现代的码头呢？是右侧这张图的样子。这个转变的发生，与这本书的主角——马尔科姆·麦克莱恩（Malcom McLean）有关。

麦克莱恩当年做了对比实验，一吨啤酒通过人工搬运装卸的成本是 4 美元，而换成集装箱后是 25 美分，成本降低了 94%。于是麦克莱恩拼了老命推广集装箱。后来集装箱的推广与普及，使全球货物的流通获得了极大便利，在物流的意义上，整个世界变成了一个地球村。的确可以说，集装箱改变了世界。这个故事的主角麦克莱恩被后人称为"集装箱之父"。当他去世时，全美的轮船一起鸣笛向他致敬。

今天我们知道，集装箱的全名叫作国家标准集装箱，或者国际标准集装箱。它的本质不是一个大铁柜子，它的本质是围绕这个大铁柜子的一系列标准。

我想很多人都觉得这个故事很有趣，但未必完全理解它和标准的关系，因此我进一步引用了《集装箱改变世界》这本书中的一段原文：

集装箱最大的成功，在于其产品的标准化以及由此建立的一整套运输体系。能够让一个载重几十吨的庞然大物实现标准化，并且以此为基础逐步实现全球范围内的船舶、港口、航线、公路、中转站、桥梁、隧道多式联运相配套的物流系统，这的确堪称人类有史以来创造的伟大奇迹之一，而撬动这个系统的理念就是标准化。随着标准化概念在全球物流系统的逐渐深入，世界在悄然间被彻底改变了。

图 2–14　中国合同标准大会常金光演讲 PPT

通过这个故事，让大家从一个宏观而新鲜的视角看到了标准在法律服务领域的价值，引起了大家的重视和思考，得出了很好的结论。这场发布会的线上直播有超过 10 万人观看，我演讲部分放到了法天使视频号后台。2021 年年底，在中国合同大会正式发布《合同起草审查指南团体标准》以后，标准的理念进一步深入人心。

在法天使微信公众号回复关键词“要点”，可根据指引查看那场演讲的现场视频。

2.4　两个系列课程的架构示例

新冠肺炎疫情之下《民法典》与《合同起草审查指南：三观四步法》的巧妙结合

2020 年有两件大事：一个是突如其来的新冠肺炎疫情，导致线下课程不便举办；另一个是《民法典》的颁布，导致居家隔离的法律人既有必要也有时间学习这部新法律。

《民法典》的讲授可以有两个基本视角。一个是学者或参与立法讨论者的视角，主要体例是讲解立法过程中的考量和对法条的解读。这个视角适合高校资深学者，并不适合我。我选择的是第二个视角，把《民法典》与合同起草审查的实践结合，尤其是与已经成为一套相当成熟的体系的《合同起草审查指南：三观四步法》结合。在此基础上，我推出了"合同 7 讲"系列直播课程。最终这门课程在全网超过 20 万人次观看，不少朋友反馈大有收获。

专业基础、研究能力和架构能力，三者结合起来，让我快速推出这个课程，优异的演绎能力把它呈现为一门受欢迎的课程。这门课是如何架构的呢？我把当时的海报和大纲放在这里，并加以说明（见图 2-15）。

图 2-15 “合同 7 讲”第二季海报

这个课程的结构体例是“民法典变化 + 重点解析 + 合同实务应用”。每节课的展开逻辑都是 3 个环节：先比对《民法典》的规定之于之前的《合同法》(已废止，现为《民法典》合同编)或相关司法解释的变化，然后总结归纳这个变化的背后逻辑，最后落脚到这个变化对合同起草审查有什么影响，并指出“三观四步法”对此的响应。我在课件和海报中画了两个图形来展示这个体例：一个代表《民法典》；另一个代表《合同起草审查指南：三观四步法》，两者的交叉部分就是“合同 7 讲”，非常直观形象。

如何用 7 节课把多达 1260 条的《民法典》展开呢？我作了取舍。在架构这个课程的时候，其实是先从《民法典》总则编开始，然后是《民法典》物权编，之后是《民法典》合同编，再深入《民法典》合同编讲合同类型、合同的违约责任和解除。这是符合我们东方一贯的思维方式，由远及近，由一般到特殊，由原则到具体。

但在真正开始讲这个课的时候，我决定逆序开展。如前面海报所示，第 1 讲反而是合同解除条款的设计。在每一讲的结尾我还提出一个“合同知识卡片”的概念，把每一讲的核心知识点画成一个直观的图示，在课程结尾展示这个卡片，体现了很强的交付感。

实际上，那时候刚刚有疫情，我习惯了线下讲课的控制感。尽管有“合同 7 讲”第 1 季的尝试，但对线上讲课并没有充足经验和十足的把握，因此投入了大量精力准备，我相信线上讲课与线下讲课有相通之处，核心是内容的逻辑和扎实程度。事后我回看讲课视频，发现其实有点用力过猛。有的地方的讲解是有瑕疵的，精细程度不够，如果下次再做，我应该可以做得更好。尽管有瑕疵但这套课程整体称得上成功，应该说架构是它取得成功的关键。

“案例—分析—方法”逻辑牛刀初试

在“合同 7 讲”第 2 季之前，“合同 7 讲”第 1 季的尝试也有不错的收获。那时候并没有前面讲的《民法典》的颁布，我又不想把线下讲课的内容照搬到线上。如何从架构上适当创新呢?

我想到最好的方式就是讲故事，法律人最不缺的就是故事了，每个案例就是一个故事。因此那一季的体例就是，先讲述一个真实案例，再从案例提取关键合同问题分析，最后给出由此引发的合同起草审查的建议。

其实完全符合我前面给出的逻辑单元的基本框架。通过案例发现一个有价值的问题是挖坑，分析问题是填土，给出建议是平坑，如果可能再给一些小例子来验证。这个系列课为我初步积累了线上讲课的经验，它的同步音频被我的同事传到了喜马拉雅平台，受到了不少好评。这说明，受众即使不看人和课件的画面，只听内容都有启发，在一定程度上体现了它的成功。同样地，这个成功很大程度上源于架构的合理性。

两季“合同 7 讲”和线下课程的例子，都是与大家分享架构的重要性，宛如一栋建筑结构的重要性，装修和装饰是外在美观，结构是根本。如果现在我要设计一套新的课程，我会首先花精力思考它的架构，这是头等重要之事。若你以这样的视角审视自己的课程，会有不小的收获。

2.5　实操细节：先有内容还是先有逻辑框架

本节讲的是设计讲课内容的结构，那么，应该先准备好讲的内容再梳理框架，还是先设计好框架，再根据框架填充内容呢？

我的建议是后者。实际上在你设计结构的同时，你的大脑也在迅速调动你所知的全部知识，有助于你思考未来需要哪些内容。当结构设计好以后，具体准备内容时，还可以再进一步调整结构。就像建造一座大厦，没有哪座大厦是不管三七二十一，先准备一堆水泥钢筋垒一堵墙出来，而是先有结构图，再考虑用什么建筑材料。

在法天使的合同起草审查“三观四步法”当中，也是强调先思考宏观交易结构，判断一个交易的整体可行性，在整体可行的前提下，再讨论合同的中观合同形式和微观合同条款，换言之，一上来就具体修改错别字或具体条款是不恰当的做法。

设计框架时，可以适当使用工具，现在有各种思维导图软件可用；你也可以找一张白纸，随手抓起一支笔。在白纸的中央写下你讲课的题目，然后画个圈把它圈起来，接下来，就进入枝干，按照本节所述的“挖坑→填土→平坑→踩一踩”的逻辑，为每个分支写关键词。完成以后，再考虑收集准确的素材，形成 PPT；必要的话，还可以准备逐字稿。

实际上，即使你看似直接进入细节，你的大脑也在尝试勾勒整体结构。由于顺序不对，你可能会经历更多的推翻重来，效率低一些而已。

本书的写作逻辑就是先结构后内容，写到此处，我已经知道本书内容完成多大比例了。

2.6 讲究逻辑是否会失去随意性带来的创新

本节关键词：逻辑。“逻辑”二字显得过于理性，有些朋友可能担心它是否扼杀随意性带来的创新。我的答案是，大可不必担心。

有一本很有趣的书——《故事写作大师班》，作者约翰·特鲁比是“好莱坞首屈一指的故事写作顾问，约翰·特鲁比作家工作室创始人。先后在迪士尼、索尼、福克斯、BBC 及 HBO 等多家机构担任故事写作顾问和‘剧本医师’，‘诊断’过的影视剧本超过 1800 部”。

这本书中，作者给出了写出好故事的逻辑，细致到令人吃惊的程度，摘引如下：

1. 真实自我的揭露、需求和欲望

2. 幽灵与故事世界

3. 弱点 / 需求

4. 触发事件（inciting event）

5. 欲望

6. 盟友（一个或多个）

7. 对手 / 谜题

8. 其实是对手的假盟友

9. 第一次揭露和抉择：改变的欲望和动机

10. 计划

11. 对手的计划和主要反击

12. 驱动力

13. 盟友的攻击

14. 看似落败

15. 第二次揭露和抉择：执迷不悟的驱动力、改变的欲望和动机

16. 对观众的揭露

17. 第三次揭露和抉择

18. 闸门、严酷考验、体验死亡

19. 对决

20. 真实自我的揭露

21. 道德层面的抉择

22. 新的平衡点

就连写故事，都可以如此有“套路”，它扼杀了好莱坞的创新了吗？并没有，好莱坞创造出无数好故事。逻辑框架是工具，它是一把斧头，你用斧头能雕刻出什么作品，那要看你的能力。假如你的能力终于可以突破框架，发明出新的工具，那说明你到了一个新的境界，之前工具的使命也就完成了。

2.7　练习：“挖坑→填土→平坑→踩一踩”

用本节提到的基本逻辑单元组织一个主题论述，最好结合你未来工作中真实要讲的话题，严格按照“挖坑→填土→平坑→踩一踩”的逻辑，试试看，会有不错的结果。你可以现在就把它写下来，未必是逐字稿，只要写明要点即可，下次讲课时，配上 PPT，看看效果如何。（见图 2-16）

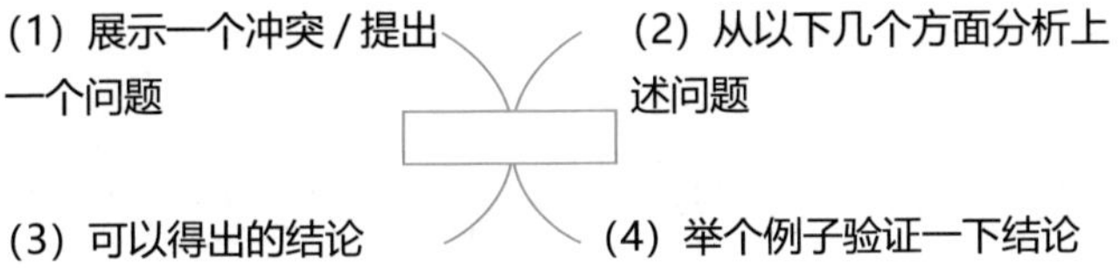

图 2-16　思维导图

（1）展示一个冲突 / 提出一个问题：

____

____

（2）从以下几个方面分析上述问题：

____

____

（3）可以得出的结论：

____

____

（4）举个例子验证一下结论：

____

____

3 如何讲出干货：干货的关键是信息增量

3.1 干货的关键是信息增量

律师协会组织了一场专题讲座，你和本地的另外几百位律师参加了这次讲座，3 小时结束后离场，你跟同行的人免不了对刚结束的讲座发表几句感想，此时会说什么呢？

“真有干货。”大家纷纷说。

或者说：“讲的是个啥啊，浪费时间。”

一场讲座结束，在受众离场的瞬间，对课程好的评价往往是 3 个字：有干货。

可什么是干货呢？干货源于讲师的表达效率，其关键是讲师提供信息增量。

内容效果（受众听课后总的认知）= 受众已有信息 + 信息增量

讲师的任务是向受众提供信息增量，这是讲座区别于娱乐节目的最主要特点，比如，听郭德纲讲相声，主要目的是情绪效率，不是为了新知。为了强调这一点，这里用“信息增量”这个看似有些故作高深的词来表达，信息增量是受众听课后的认知和受众原有信息的差额。

对此已经有定量的研究，万维钢在《为什么 15.87% 这个数字对你很重要？》这篇文章中提到，亚利桑那大学和布朗大学的研究者刚刚贴出一篇论文的预印本，叫《最优学习的 85% 规则》，最后提到，从信息论的角度来看，它们说的都是“旧信息”和“新信息”的配比，这个配比的准确数字是 15.85%。

一堂好课也是如此，你需要讲些大家原本知道的，再提供 15.87% 的信息增量，制造“喜欢 = 熟悉 + 意外”的感觉。当然具体的课程中，难以那么精确。如果课程结构是大厦的施工图，那么课程内容就是大厦的建筑材料。

信息增量背后还有个更深刻的问题：表达效率。其公式为表达效率 = 表达效果 / 讲课时长。在一堂课时间长度确定的情况下，你需要给受众提供足够多的“影响”。所有的形式、素材都为此服务。表达效率可区分为情绪和内容两个方面，情绪方面是让受众持续愉快有听的愿望，内容方面是你真正想传达的信息，两者加起来是对受众的影响。平庸冗长的内容，逻辑混乱的结构，过多“僵尸”词汇以及不经意的俗套寒暄，之所以不能被接受，都是因为它们既不能提高情绪效率，也不能提高内容效率。

如何提高表达效率，提供信息增量，一堂好课是由什么类型的素材组成的，这是本节要讨论的内容。本节提供 4 种有说服力的内容组织方式，以实现对受众提供信息增量的目的。它们分别是讲故事、举例子、给数据、找权威。

3.2 讲故事：能讲故事，就不要讲道理

讲故事是首选的内容组织方式

在前面开场和课程结构设计部分，已经两次提及讲故事的重要性。在课程的主要部分，首选的内容组织方式仍然是讲故事。

Boston Legal 里面，Sally Heep 为她的当事人成功进行了无罪辩护。她是这样对陪审团说的：

在我小的时候，有一天看到自己的狗 Fred 叼着邻居家的兔子进来，而兔子已经死了。于是我马上意识到，Fred 咬死了那只兔子。为了保护 Fred，我决定隐瞒下来，所以我把兔子洗干净、毛吹干，放回了邻居家的兔笼，我想这样就没人知道了。

可第二天，邻居来我们家说了件趣事。他们说，自己的兔子 3 天前就死了，他们把它埋到树林里，可不知哪个神经病，把兔子挖出来、洗干净又放回了兔笼。这时候我才知道，是自己错怪了 Fred。

表面看来最符合逻辑的，最后却不是真相。表面看来，这起案件是我的当事人偷了钱包无疑，但或许他真的是误拿呢？我们所有人都无法 100% 确定他不是误拿，而这就是我们所说的合理质疑。

这个故事非常有画面感，听一遍就能复述它：一只热心的狗叼来邻居扔掉的死兔子，惊恐的主人把死兔子洗干净悄悄送回邻居家，惊诧的邻居过来说出真相。得出结论：符合逻辑的事，未必是真相。

如果你想讲一个概念、一个道理，首先要考虑是否能找到一个故事。

在《合同起草审查指南：三观四步法》中，交易结构的设计是合同能力的进阶部分，给大家梳理了几种常见的交易结构设计的思路，其中之一就是使用权和所有权的选择，这是个略显抽象不太好说明白的内容。

我会讲斯坦福大学的故事。斯坦福夫妇二人的孩子在欧洲旅行时意外身亡，两人用资产捐建了一所大学，即斯坦福大学。当初的斯坦福大学可不像现在赫赫有名，其主要特点就是面积大，被有些人称为农场大学。第二次世界大战结束以后，学校谋求发展但缺乏经费，于是学校管理决策部门考虑卖掉部分土地换取经费，以此更好地经营学校。

可是，斯坦福夫妇在遗嘱中提到，任何情况下，不得卖掉斯坦福学校的土地。就在此时，一位负责人提出一个问题："遗嘱说不让卖地，有说不让把地出租出去么？"答曰：没有。这个负责人说："好的，那我们就把部分校园的土地租出去就好。"提出这个建议的人是谁呢？此人叫弗雷德·特曼（Frederick Emmons Terman）——美国斯坦福大学前校长，硅谷创业的元老人物。

租出去的那片校园土地上，很快创办了惠普等一众科技公司，沿着那片区域蔓延开去，建成了后来的硅谷，弗雷德·特曼由此被誉为"硅谷之父"。在相当长的时间里，他在惠普董事会也担任职务。

如果硅谷的诞生与此人有关的话，那么在这个故事中，最关键的思维转变是什么呢？"不让卖没关系，让租吗？"这就是从处分所有权到处分使用权的转变。

这与合同交易结构的设计有什么关系呢？在各类交易中，处分标的的所有权较为常见，这意味着当标的所有权的处分有障碍时，我们可以主动选择绕道而行，考虑改为处分使用权的模式。比如，企业想购买一个知识产权，但知识产权的所有人不愿意出售，那就可以考虑改为知识产权许可的合同模式。当年比尔·盖茨最初开发的操作系统软件，国际商业机器公司（International Business Machines

Corporation，IBM）也想花重金买去，可有远见的比尔·盖茨拒绝了一次性处分所有权，创新地采用了使用权许可的方式，且是非独家许可。除 IBM 外，还可以许可给惠普、戴尔等电脑厂商，结果随着电脑产业的崛起，被送上世界首富的居然是微软的比尔·盖茨。

几乎一切所有权交易，都可以考虑转换为使用权模式。法律界了不起的 VIE 架构的发明，本质上也是如此，根据相关法规，外资禁止直接持有中国境内企业的股权，于是就改为了协议控制的模式。

如此一来，我们就把所有权和使用权这种交易结构设计的底层思维模式之一讲清楚了。受众熟知的旧知识加上新的解读，提供信息增量，就会产生启发感。还有其他多个交易结构设计思维，都可以采取类似的方式讲解。

课程中的好故事的 3 个标准

第一，故事与讲课之间有足够张力，表面上无关，但内核高度相关。法天使的核心任务是建设中国合同库，为社会各类交易提供值得参考的合同模板。这项工作工程量极大，想要做好不容易，需要持之以恒的耐心，但终有一日可能完成。2021 年年底，法天使在深圳举办第 5 届中国合同大会上，我讲的是圣家族大教堂的故事。安东尼奥·高迪是西班牙知名设计师，人们问他明知此生都不能把圣家族大教堂完工，为何还决心投入一生去建设呢？他的回答是，他的客户（上帝）并不着急。教堂的故事表面上与合同库无关，但面对复杂工程决心投入足够多精力去完成的内核是高度相关的。在这次合同大会上，“法天使”发布的合同生成器，就是在此前几千类合同、上万个模板的基础上，给每个模板设置填空项和条款组，升级后的二代合同模板数量减少，使用场景却更丰富，让用户自助快速生成常用合同。如此复杂的工程所需要的决心跟建设大教堂需要的决心是相似的。

想到这个故事的直接原因是，当时正好有圣家族大教堂终于封顶的新闻，封顶的图片和视频在朋友圈被广泛转发，很多参加中国合同大会的朋友也都留意到了这个新闻。我自己在几年前去西班牙参观过这个教堂，除了震撼于它的美之外，也惊诧于一个建筑还没完工却已经被联合国教科文组织选为世界遗产这样的事实。这个故事首先打动了我，又适逢封顶这个特殊时刻，加上与我想表达的主题之间有足够的张力，它就成了一个好故事。

第二，故事应尽量营造出画面感。我的一位朋友 Timini 讲述她社交恐惧症的表现，说她在酒会上不知道如何与人自如攀谈，就会拿起手机举起来假装接听，走出酒会的人群到外面透透气——这个局促不安、假装打电话而逃出会场的画面太过生动，让我觉得像是在说自己。

在合同课上，当讲到比尔·盖茨的案例提到早期计算机个头很大的时候，我就伸出手在讲台上比画，说大概有半个讲台这么大。这就比单纯说早期计算机个头很大直观一些。为课程准备故事时，可以自己想想看有没有画面，受众是否能够身临其境。前面那个狗叼兔子的故事，我就想到了一只狗从树林中刨出一只死兔子，傻兮兮地叼回家，主人战战兢兢地把兔子洗净用吹风机吹干的过程，画面感十足。另外，如果可能——但并非必须，尽量以第一人称讲"我"的故事。向受众讲述自己亲眼看到、亲耳听到或亲身经历的故事，更容易有画面感，也更能感染人。相反，如果讲述的是别人的故事，则要注意尽量营造画面感，让受众觉得这个场景似乎是你亲眼所见——实际上，我并没有亲眼见过像半个讲台那么大的计算机，我只是在一些电影里见过早期的计算设备，但这不影响我在讲台伸出手比画它的大小。

第三，故事应短小精悍，包含必要细节，却不要冗长。知识以故事的方式讲述，很大程度上是为了提高情绪效率，如果为了讲一个小的知识点，却需要一个冗长的故事，就会浪费听众的时间，降低整个课程的表达效率，反而把简单的事情搞复杂了。如果是文学创作，故事可以曲折复杂，如果是课程里的素材，则显然不宜过长。在讲合同起草审查的首要理念是促进交易时，我会讲科斯定理，科斯是谁？是新制度经济学大师、诺贝尔经济学奖得主。基于这样的权威身份，接下来的故事才更有说服力。如果不交代科斯的身份，受众不清楚科斯是谁，这个故事的说服力将基础不足。但更多科斯的细节是否需要交代呢？科斯是家中独子，小时候残疾，在残疾人学校上学，后来读大学后多次转科；移居美国后在多所大学任教，后来在芝加哥大学任教，他发表过知名论文《企业的本质》《社会成本问题》，以及他对中国经济的关注、后来的张五常与他的关系等细节，是不是也应该交代呢？如果交代就会显得过于冗长。实际讲课的时候要适当取舍，让受众知道他是权威经济学者，但不必过于展开他的生平，否则，光这个故事恐怕就可以单独开一堂课了。

找到好故事本身很难得，把故事以恰当的方式讲述出来，就更难得了。你需要把握铺陈足够多的细节和篇幅短小之间的尺度。如果只追求短小，则可能没呈现足够细节；如果铺陈足够多的细节，往往不够短小精悍。

好故事的重要性和方法我们都讲明白了。真正讲好故事还是要靠平时留心，围绕讲授主题广泛、深入、长期收集资料，才能渐渐地筛选、沉淀出好故事。这就是我在第一章强调的，讲好课本质上是学习引擎加演绎能力，具备专业基础，加上深入研究，才会有洞见，才能通过恰当的演绎，呈现一堂好课。

3.3　举例子：用简单解释复杂

在《合同起草审查指南：三观四步法》中，会谈到另一个合同交易结构设计的例子，即融资租赁合同的例子。融资租赁合同是《民法典》中明确规定的一种典型合同，相较于其他常见的买卖合同、租赁合同，融资租赁合同显得有点不同。我用两张图解释了这种合同的含义（见图 2–17、2–18）。

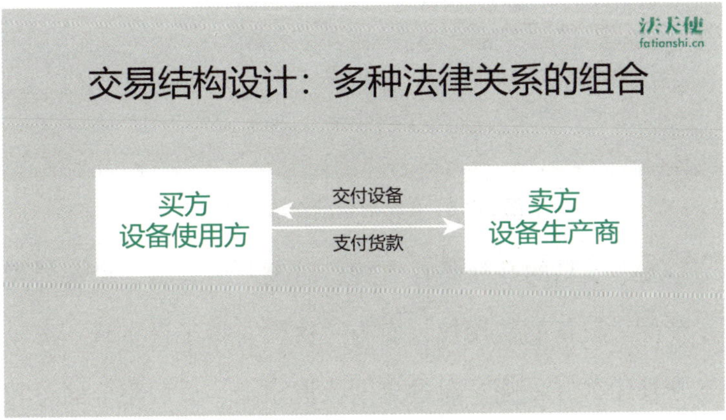

图 2–17　3 小时合同课课件示例

原本，买方和卖方可以直接买卖大型设备，但如果设备价格很高，买方希望分期付款，而卖方希望全额收到设备款。这个交易就会进行不下去，陷入僵局。

这时候，有资金能力和投资需求的第三方可以参与进来，对于原来的两方说，这样吧，我帮买方出全款把设备买下来，然后租给原本的买方也就是设备使用方来用，收取租金。等到租赁达到一定期限，就把所有权转移给设备使用方。

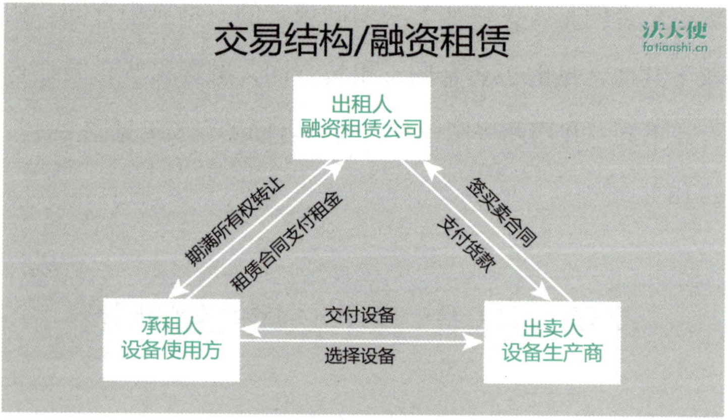

图 2-18　3 小时合同课课件示例

这个交易的好处是什么呢？可谓三全其美。设备使用方获得了设备的使用权，卖方一次性获得了设备款。那第三方有什么好处呢？通过分期收取租金，最后租金的总和一定大于设备款，从而实现了投资回报。这就是交易结构的魅力。

融资租赁合同，是法律人以法律的视角，理解了交易的需求，从而产生了这样的合同类型。当然，这是融资租赁最典型的场景。通过这个例子，我们能看到从商业到合同的过程，看到在融资租赁合同中，买卖和租赁两种合同关系的组合，从而创造了新的交易结构，这个交易结构被固定标准化为融资租赁这种合同类型。

即使不懂法律的人，也能理解这个例子里包含的交易结构的概念和思维方式。我在各地律师协会讲课的场地很多时候是当地的酒店，酒店的工作人员在会场内提供服务，我看到非法律专业的服务员全程一脸认真地在听课，就开玩笑说，这个讲座你听可是要单交钱的呀，工作人员就哈哈大笑。我自己很开心，把一些看似专业的问题，用好的例子让非专业人士也完全能听明白。

讲座结束以后，故事和例子给人留下生动且深刻的印象，受众不辛苦，也有信息增量，产生了新知，这正是我所追求的效果。

3.4　给数据：准确的数据自带权威感

前文提到过数据的用处，包括 60.04% 的民事案件是合同纠纷，每年 63,093 人因交通事故死亡，15.87% 的信息增量，这些都是准确的数据，能够传递权威感。再次提醒，如果有 15.87% 的准确数据，就要尽量提供，而不是代之以 15%，或者表述成一小部分。

举个用数据说明观点的例子，以下数据能给你什么启发？

《民法典》有多少条？ 1260 条。

《民法典》合同编有多少条？ 526 条。

《德国民法典》有多少条？ 2385 条。

这组数据可以直观说明以下观点：第一，《民法典》篇幅巨大。第二，《民法典》的重点是合同。因为合同编有 526 条，占据整个《民法典》41.7% 的篇幅。再加上其实总则编的内容也与合同有关，可以得出“一部民法典，半部合同编”的结论。第三，不要惧怕，虽然《民法典》篇幅不小，但与《德国民法典》相比，还是少了很多。通过以上观点可以提炼一个核心观点：投入时间好好研究一下合同编，是学好《民法典》这部法律的抓手。

数据的使用务求精准但不宜过多，它应该像一把尖刀，能在关键时刻给人以权威、准确的印象。大面积地运用数据，会使人无感。相比故事，数据其实是相对枯燥的形式。

数据的价值在于其背后的定量思维，定量意味着准确、科学和可信。“今年我的业绩还不错”是定性。“今年我的业绩目标实际达成了 300%”则是定量。不少人习惯于定性，而怠于定量。在《合同起草审查指南：三观四步法》这本书中，谈到合同起草审查的理念问题，如果当事人问律师，这个案子能打赢吗？很多律师会想办法避免直接回答，如果回答“100% 能赢”，这本身违反律师职业规范；如果回答“说不好”，则可能丧失当事人的信任，错失委托机会。

书中建议用决策树计算期望值，帮助当事人理性决策。每次线下合同实训营讲授时，就会有律师对此质疑。律师们认为，案件的审理结果是相当不确定的事，它可以依靠经验大致定性判断，怎么可以定量分析呢？其中的数据从何而来？

这部分内容体现了对数据的重视，同样适用于一堂课的设计，建议大家注重对数据的恰当使用。以下内容来自《合同起草审查指南：三观四步法（第 3 版 · 2021）》第 36 页：

数字式的决策方法强于“专家判断”。《不确定世界的理性选择》中还提道：“无数的研究文献惊人一致地显示，专家判断很少获得令人满意的准确率，几乎从未比机械判断更好……这一章的基本原理就是‘只有数字才是真实的'，不管这些数字的质量是好是坏……然而在使用数字时要克服'神秘的人脑'这个观点（目前没有研究可以支持这个观点）……我们所有人无一例外都对自己的判断能力过度自信。想要作出好的判断，并且对他人公平，就必须克服不使用数字信息的坏习惯。当我们确实这样做的时候，就应当像我们利用数字的帮助修建一座历久弥坚的桥梁一样，由衷地感到骄傲。"

作为专业人士，律师习惯于"专家判断"，未必能接受或习惯上述计算方法，在《不确定世界的理性选择》中也提到了对上述理性预期原则的多种反对意见。本书作者并非决策理论方面的专家，仅在此提供上述模型，供律师参考。无论如何，这已经是在决策理论方面一般通行的科学做法了。

关于数据在一堂课中的意义，在如何评价一堂课的好坏部分，我有特别的强调。

3.5 找权威：权威出处的信息更值得信任

美国哈佛大学的一项科学研究表明，饭吃多了会感到撑——这当然是个笑话。升级版本的是这样，哈佛大学研究儿童心理学教授邦德博士，经过多年的研究发现：长大没本事的孩子，在吃饭的时候有这 3 种表现……很多鸡汤文或伪科学，惯于在讲一个观点时先说一句美国科学家研究如何如何。潜意识里，人们相信权威，只是权威却常常被不当使用。

专业培训的内容，应该以学术规范的标准对待内容出处。说来似乎容易，但“准确”二字是很高的要求。在专业培训中所说的每个专业内容，都应仔细推敲确认，找到权威出处，如果存在多种说法，也应加上限定语，诸如学术主流说法如何如何，或者学界通说认为怎样。

我曾被某省的市场监督管理部门邀请做合同培训，正好旁听了前面一位讲师的部分内容。由于也是合同相关主题，我顺便打开笔记本，准备见贤思齐记录一些可能好的内容。结果遗憾地发现，在 1 小时的讲授中，有 8 处或大或小的错误，这令我感到相当震惊。

法律类培训属于人文社科范畴，在理论和实践层面，可能存在多种学说或处理方式，有尚存疑的观点可以理解；但讲师必须力求准确，为观点和理论寻找权威支持。这是内容层面的要求。在表达层面，恰当标注出处也有助于增强信息权威。比如，当开场分享合同类纠纷在各类诉讼中占比的时候，我引用的数据来自最高人民法院官方发布的统计数据，理论上是最接近准确的信息。

资历较浅的律师或其他行业的专业人士可能会问："我尚不具备充足实务经验，如何做到权威呢？"

其一，讲座的内容并非越难越好，只要对受众有启发即可。法学专家给法律人讲课，可能涉及物权行为独立性这样的偏学术话题；但律师给普通非法律人讲课，通常不必涉及太过学术的深入探讨，更多的是结合具体场景的需求展开。因此，讲座内容追求的不是难而是切合用户现实需求。

其二，每次输出恰是最好的倒逼学习的方式，本着力求准确的态度研究，会让自己大有收获。退一步讲，即使是资深人士，也难免有错误，如果确有错误被指出，则应诚恳接受，纠正自己的错误，千万不要因为面子问题而不面对错误。

3.6 讲课中的负面清单

以下问题如果存在，会使讲课大大减分，请对照一一检视。

赘语连篇

清晰记得初中二年级的政治老师讲课时几乎每句话都必须以"那么"开头。我个子矮坐在教室第 1 排，听到一张嘴一个“那么”，实在无法忍受这种折磨，整整一个学期的政治课我几乎都逃课。

工作后观察一些讲师讲课，类似情况普遍存在。有的喜欢说“OK”，比如，“OK 这个问题怎么理解呢，OK 是这样的，OK 那么让我来看一下怎么理解，OK……”。其他还有诸如“然后”“因此”“为什么呢”“我个人认为”“我觉得”“坦白讲”“说句实话”“其实”“实际上”。

有时听到讲师一口一个“我个人认为”，我很想上去追问一句，你自己说的话，不是你个人认为，难道还能是别人认为的吗？这么多的“我个人认为”真的是完全没必要。我想有且仅在一种情况下这句话是尚可接受的，就是针对某个观点有多种说法，前面引用不同人的说法，作为对比说说自己的看法，此种情况下可以说一句“我个人认为”，否则你在讲课当然默认是你的观点，完全无须赘述。

“坦白讲”“说句实话”是同一种类型。每每听到讲者一句一个“说句实话”，我就在想，那前面说的都是假话吗？但如果前面说的是假话，你后面又说了很多个“说句实话”，到底哪句是假话呀？深究背后的原因，往往讲者是想以此突出自己要说的话值得信任，可惜这样做并不能达到效果。

近几年脱口秀节目越来越火，有一位女性脱口秀演员的口头禅是“你知道吗”，就是每说一两句话，就要跟一句“你知道吗”，这是很不职业的表现。在后期这位演员努力克服，有一定改善，但仍没有完全杜绝，节目组居然直接帮助消音处理，真是颇有几分无奈。

以上这些啰唆无用的词、短句或口头禅，都是赘语。赘语是语言的杂质，甚至是让听者致命的毒瘤，必须有意识地铲除。有两个建议：第一，录制自己讲课的视频，检视有哪些赘语。发现赘语后，重新讲一遍或多遍，直到强行去掉赘语。第二，找机会当众讲课，请朋友专门帮助自己记录是否出现赘语，这位朋友可以在手里拿一支笔或其他物件，每次听到你说赘语，就向上举起以提醒，直到渐渐消除。

用词冗余

“这几年我国律师人数发生了快速增长。根据统计数据显示，截至到目前，已经有大约 60 万左右。其中超过 50% 以上是男性。为什么快速增长的原因，是因为律师是非常至关重要的。”

这句话大量用词冗余，给人煞有介事但废话连篇的感受。

“发生了”“出现了”这些词虽然也勉强说的过去，但去掉之后毫不影响意思，则应该去掉。类似的还有“进行”。比如，“这是法天使律师助手，接下来我给大家‘进行’一下讲解”“点击这个按钮，我们‘进行’一下插入”这些“进行”都没必要，也应该去掉。

“截至目前”就有截止到某一天的意思，不用“截至‘到’目前”。大约 60 万就不再需要“左右”。超过 50% 就不再需要“以上”。“为什么……的原因，是因为”也是冗余。至关重要已经很重要，不用再加上“非常”。

还有一些词，人们已经习以为常，但由于过度使用而失去了意义，这些词也应谨慎使用。比如，“性”“化”和“力”。法天使的课程有三大优点：全面性、体系性和权威性。如果一定要表达这个意思，宁可表达为全面、体系、权威，删除“性”字。讲课是口头语言表达场景，更应该让语言自然活泼，不要端着。

这些不良语言习惯都会降低表达效率，给受众带来困扰。受众需要在语言的垃圾堆里寻找残存的有价值信息，实在是无辜。改变这些习惯，首先要意识到这些问题，像对待赘语那样，检视自己是否存在这些现象，然后刻意练习，改掉这些坏习惯。

不当使用英语、行业“黑话”或缩略语

第一，英语的不当使用应该避免，尤其是中英文夹杂的方式。“好雨 know 时节，spring 乃发生。随风潜入 night，润物 without 声。”这是知乎上的一个段子，调侃中英文夹杂的不良表达方式。

在外企工作或有国外生活经验的朋友，时常会中英文夹杂，一句话中夹着一个或多个英语单词，这让听者偶尔会感到困惑，或者难受。在特定人群中以这种方式沟通是可以理解的。如果面向公众讲课，频繁夹杂使用这些英文则不恰当。

有人反感中英文夹杂的行为，觉得这样说话的人在“装”。也有人认为，这种做法有崇洋媚外的底层心理。我以为，这样的人或心理可能部分存在，但绝大多数情况更可能是一种环境产物或沟通习惯。外企或需要做涉外业务的朋友，有些英文语境下的内容，没有特别现成的中文对应，用英文表达更方便也更准确。

比如，做 PE/VC 领域投融资业务的律师通常说 ts（term sheet）、spa、nda……把股权结构表叫作 captable，有时候听起来像职场“黑话”。如果做的确实是英文文件，刻意说成中文似乎并无必要。但是，面向非业内人士或不熟悉这个领域的受众讲授股权投融资专业知识或常见条款解读，

则应该特别注意。如果确实需要使用英文，也应该同步匹配对应的中文。

很显然，讲课是面向多人的公开表达，不是特定的英语环境——当然面向英语母语的外国人除外——就应该避免中英文夹杂的做法。这样做并不能彰显专业，反而是对讲课这件事本身不专业的表现。所有说话都是为了实现沟通目的，如果你的表达已经让别人难以理解，产生误解，那么作为说话者，应该有意识地调整。

是否能接受这种表达，主要取决于“听者的主观认识”。尽管在有些时候，讲师并没有故意这么说，但只要听者“以为”讲师是故意的，就可能会产生反感情绪。区分说话的场合是好的说话者的责任。用对方听得懂、好理解、不用思考就能明白的语言交流是一种美德。况且，如果有心说干净的中文，相信没那么难。

第二，非公众通行的缩略语要少使用。很多非法律人士会把法定代表人简称为“法人”，张口就是“我是这家公司的法人”。法律专业人士自然了解法人和自然人是一组相对的概念，指的并不是张三、李四这样的人。作为专业人士，不应该把法定代表人简称为“法人”来表达。有一次，有律师另辟蹊径，问我：“常律师，你觉得公立学校的老师可以做公司的‘法代’吗？”我一头雾水，啥是“法代”呢？

缩略语只应该在具有共同知识背景的人之间存在，而不应跨界随便使用，否则不仅降低表达效率，也是对听者的不尊重。如果拥有用户视角，这是应有之义。

背对受众、话筒太远等细节问题

传统老师上课需要板书，偶尔在黑板上写字背对受众尚可理解。现在讲课通常是幻灯片，并不需要板书，讲师应避免背对受众，避免长时间面向幻灯片读课件内容。

尽管现在话筒质量整体比过去大有提升，但有些场合话筒效果还是比较差。有的讲师话筒距离嘴巴太远，有的忽远忽近，导致远处受众听不清楚，应该避免。在较大的会场，由于话筒与音箱距离太近产生刺耳嘶鸣声，当站立走动式讲课时，要保持适当敏感，发现这个现象，尽快调整位置，避免反复多次发生，影响受众体验。

3.7 练习：写一个 500 字左右的故事

讲故事是内容展开的首选方式，结合自己要讲的课程，写一个故事。这个故事可以是贯穿整个课程主题的，也可以是其中一个小标题的，字数不求多，500 字左右即可。

同时想想看，在过往听过的讲座或演讲中，你听过哪些记忆犹新的故事，它们好在哪里？

4　如何控制节奏：好的讲师都是节奏大师

4.1　一堂课好不好，节奏很重要

一堂课讲得好不好，讲师自己是知道的。其中明显的差别就是自己的节奏。如果讲得好，尽管体力上可能劳累，但心里是清爽通透的，似乎身上有种和谐的节奏。如果课讲得不好，讲师是情绪上的累，感到自己的节奏是混乱的，甚至感到无比沮丧。

中场休息时，如果讲得好，受众在休息区会讨论课上的内容，沉浸在讲师营造的氛围中；如果讲得不好，受众们会讨论与课程无关的事，商量接下来吃什么或者是否提前离场。

节奏的好坏在相声演员身上非常明显。节奏不好的相声演员，感觉他们的对话很抢，每句台词都是在演员嘴巴里提前预备好的，甲说了这句，乙就把下一句赶紧说出来。台词就是这些台词，差别在节奏。节奏不好的演员让人觉得台词没经过大脑，只是嘴负责把它们说了出来。让人觉得假，觉得别扭，替演员感到累。即使非常资深的演员，平常节奏很好，到了春晚舞台上，也可能失去节奏。春晚舞台对时间的要求更严格，场面更大，有的演员功力差一点点，就控制不住了。

好的讲师都是节奏大师。讲师像指挥整个乐队的乐队指挥。讲师用自己的语言、身体，通过内容引领、指挥受众的思维跳动。

4.2　别人的节奏，还是你的节奏

2015 年，我陆续在中关村创业大街、清华五道口金融学院等场地，给科技行业的创业者讲了一些法律课。那时的课程往往是每次 3 小时的讲座，有 2~3 位讲师讲不同的主题，受众就是科技企业的创始人。有两个经历让我印象深刻。

一次在我前面的讲师讲的是知识产权。他讲得比较枯燥，而且有严重的不良语言习惯，几乎每说一句话都要以“OK”开头。比如，商标的许可需要注意什么呢？OK，需要注意的是……OK，那么什么时候注册商标呢？OK……等到他的讲座结束时，受众被折磨得很痛苦。轮到我讲的时候，我发现受众的气氛很差，会场的气压似乎也是低的，我自己也觉得讲座很无力。我想，下次讲座如果前一位讲师能把气氛营造得好一点就好了。

另一次讲座我前面的讲师讲的是品牌。他非常有经验，气氛活跃，受众收获很大。轮到我上台，我以为可以借着他的氛围，学习他说话的节奏展开我的课程。结果发现，受众并不买账，大家似乎还沉浸在他讲的内容里，我的内容似乎不能吸引大家的注意力。

这就很奇怪了，前面的人讲得不好，导致自己讲不好；前面的人讲得好，也导致自己讲不好。这说明什么？说明不是前面的人的问题，是自己的问题。想要跟随别人的节奏把课讲好是不可能的，重要的是怎么塑造自己的节奏。

在脱口秀节目上，有个主流的观点是开场的表演最难，因为场子冷。可你发现，假如前面讲得很成功，后面反而也难，因为人家气氛太好了，后面的接不住。看到这个我不禁会心一笑，这跟当年我讲课的体验还真是如出一辙。根本的问题不在于前面的人讲得怎么样，而是看你有没有自己的节奏。

4.3 节奏的关键不是语音语调，而是综合状态和逻辑

在一些演讲类的培训班中，培训者要求演讲者要口齿清晰，声音洪亮，而且肢体动作必须到位。一些经过这样培训的演讲者，上台就是一个深鞠躬，然后是一句高亢洪

亮的问候：尊敬的各位朋友，大家——下！午！好！真是觉得每个字掉到地上都能把地砸个坑。每当看到这样的开场，都觉得十分尴尬。

节奏可不是这个意思。把握节奏是在内容逻辑清晰的前提下，以一种有掌控感的游刃有余的状态呈现内容。不能因为要上台讲课或演讲，就把自己变成一个“不会正常说话”的人。我揣测这个现象形成的原因，可能是早些年扩音设备太差，于是讲话的人需要放慢语速，提高声调，这样才能让下面的人听清楚。可如今绝大部分场合，扩音设备基本还是不错的，不必再有此担心。就算设备不好，也应该提前调试确保设备可靠。

提到设备，需要强调下，原则上讲课前都有必要提前调试设备。调试的标准方法是，讲师拿着话筒，在台上和周边走动，边走动边数数，从 1 数到 100，如果一直都没问题，就说明合格。要让自己以正常音量说话，就能让全场听到声音才行。在此基础上，可以把声量再调大一点点。直到哪怕你相对小声说话，受众也能听清楚。最好同时测试遥控笔翻页功能，有的会场太大，距离远会导致遥控笔失灵。

一旦设备不好用，讲师就会潜意识提高音量，最后自己很吃力，也失去了本该有的自然节奏。记得有一次在河南新乡讲课，设备临时出了问题，下面大约有 200 位律师受众，我想干脆就不用扩音设备直接讲吧，用嗓子讲了 2 个多小时，结束的时候非常疲惫，返京的高铁上就吐了。

4.4 节奏把控的方法

节奏把控的目标是松弛但有控制感。想象一下这种感觉：你的手里拿着一根神奇的线，这个线一端握在你手里，另外一端幻化成一张网，牢牢罩住了整个会场。你的动作和说话，像电波通过这张网传到每个人的眼睛和耳朵里，再进入每个人心里。你松弛而自如，一举一动都很自在，几百位受众的心理感受都被你把控。

现场讲课看起来受众是在听你说话的内容，但更重要的是受众在看你的神态和他们的举止，看你是怎样的一个人。在受众获取的信息中，说话的内容只是一部分，以怎样的语气、情绪说是更重要的部分，是先于理性而直接触达感性的部分。

早期想做到松弛是比较困难的。当练习乐器如弹吉他，或者打乒乓球的时候，老师都会教育初学者把手腕松弛下来，可越是想要松弛往往越紧绷。这时还是先从主观心态层面开始。先明确“正心诚意，无我利他”的心态。提前可以跑跑步，适当活动，让身体有活力，情绪饱满乐观。

想象接下来的讲座是跟自己熟识的老朋友、好朋友聊天，把自己知道的事情分享给大家。

建议跨界观赏语言节奏好的范例。岳云鹏和孙越合说过一段相声《绕口令》，传统的绕口令，逗哏会真的把绕口令说得很快，这当然也是真功夫。岳云鹏反其道而行之，故意插科打诨，把绕口令说得七零八碎，还嘴硬说自己很厉害。这种嘴硬假装很厉害的样子，其实也非常见功力。它体现的是对节奏的精准把握。在正式说绕口令之前，二人先逗了会儿嘴，互相说自己的绕口令更厉害。这个段落非常经典，建议搜这段视频看一看，其中的细节我凭记忆复述如下。

岳云鹏：你跟我说绕口令好有一比，好比是王先生碰见了玉先生。

孙越：这怎么讲呢？

岳云鹏：你差一点。

孙越：哦。王先生碰见玉先生，差一点啊。（略带迷惑地伸手比画着“玉”字，让受众意识到，差一点的意思是书写笔画上差了一“、”）

孙越：你要跟我比说绕口令就是马先生碰见冯先生，差两点呢你。

岳云鹏：你要跟我说绕口令，你是王先生碰见了汪先生。

孙越：这怎么讲啊？

岳云鹏：差三点。（观众哄堂大笑）

孙越：你要跟我说绕口令就是能先生碰见熊先生，你差四点。

岳云鹏：你要跟我说绕口令就好比是王先生碰见汪太太，您啊差五点。

孙越："汪"就三点啊。

岳云鹏：太太里边儿还有两点呢。

孙越：你啊，你跟我比绕口令就好比是王先生啊碰见了王麻子，你不知道差多少点了吧。

岳云鹏：（一脸很生气不服输的样子）你给我封死了是不是？

孙越：那是。你要飞啊还是咋滴？（幸灾乐祸以为自己已经赢了）

岳云鹏：你要跟我比说绕口令它好比是王先生碰见俩王麻子。

孙越：数多管什么用？

岳云鹏：王麻子旁边一个女的满脸雀斑，那女的带个孩子叫点点，点点旁边有一只斑点狗，狗嘴里含着一块切开的火龙果，你差远了你！

这时观众彻底笑疯了。有人以为岳云鹏讲相声的优点是耍贱卖萌，其实在台词、表情的节奏，包括跟搭档孙越的配合上，是超一流的，尤其在开放的大场地，跟封闭的小剧场又有不同。想让观众准确感知笑点，火候和尺寸的拿捏得妙到颠毫。

在前面的“王”字和“玉”字差一点的时候，孙越会贴心地比画字的笔画，给观众留足理解笑点的时间，一旦观众理解了这个差一点的含义，后面马先生和冯先生、王先生和汪先生，就不必解释了。这里面的微妙区别，非常好地体现了超一流演员对节奏感的拿捏。

以上就是我想强调的节奏感，它的重点不是音量和手势，重点是受众感知到的情绪和逻辑的节奏。节奏说起来是个有点虚的东西，但它是确实的存在。节奏好是一个好的讲座的显著特点。把对节奏的锤炼当作自我训练的标尺，直到有一天，你感觉自己对节奏的控制已经游刃有余，你会发现，整个现场的指挥棒已经握在你手里，你的课程也就越来越精彩了。

4.5 合同公开课中的节奏控制细节分享

第一，开场问候环节，尽量与众不同。如我在前面强调的那样，我很少在匆忙走上台的过程中与受众问好。一般是在主持人说完欢迎常老师给我们讲课，大家鼓掌之后，我从容地走上讲台，走到最中央。然后缓慢抬手拿好话筒，一段几秒钟的短暂沉默。前文也讲了黄金 5 秒钟的沉默。这个沉默的目的是吸引所有人的目光。当走上台的时候，受众可能有人还在说话，可能有部分在等你开口。此时你的沉默反而是一种力量，所有人会安静下来，等着你开口。

好了，等所有人基本安静了。我会轻轻问一句："各位律师朋友，你们好吗？"

这时空气中会有一丝意外甚至诧异。因为绝大部分人会以为你要说的是，各位律师朋友，大家上午好！今天很高兴……

但你说的不是一个常规的陈述句，而是一个有些莫名其妙的疑问句。这时往往前排一小部分人意识到了这个问句，就会回应一句："好。"

然后我会说："听起来不是所有人都好啊。"下面有点笑声。我继续说："现在我重新问一遍，大家一起说好我们就开始哈。（停顿一下，提高声音）各位律师朋友，你们好吗？"

"好！"几乎 100% 的听众会有一声整齐有力的回应。

这种问候方式，我已经几十上百次地实践，几乎是屡试不爽。这么做的原因是，在一开始就塑造一个与大众常规不同的开始，塑造一个属于我自己的节奏。让受众觉得，哎？今天这个人有点不一样。需要说明的是，这个办法因人而异，看似简单，实则对讲者的经验和气场有比较高的要求。它的目的是简短而出其不意。你可以试试看，如果觉得难以把控，则建议采用直入主题的方式。

这样做的关键不是这个形式本身而是适当出其不意，与众人不同，形成自己的节奏；假如这个做法本身成为通行惯例，那么你要做的就应该是刻意与此不同。

第二，讲课过程严格遵守内容逻辑。在前面的结构设计部分，我介绍了结构设计的逻辑，营造冲突并提出有意义的问题，分析问题，给出结论，验证结论。这样的逻辑本身会产生思维层面的节奏。下面我结合一段我讲的合同公开课里的内容，用逐字稿加批注的方式，来展现内容中逻辑的节奏。

提出问题

先问一个问题，请大家一起思考：合同起草审查的问题是什么？或者说，合同起草审查的困难是什么？

引发思考，既然来听合同起草审查课，那么自己日常工作中真实的问题和困难是什么。

对问题进行引申启发

有人说，总担心会遗漏一些风险；有人说，不知道从哪儿审查起；有人说，合同审查的效率很低，一个合同可能花几小时的时间，也没审查好，就算审查好了，也不知道是不是遗漏了重要风险。

这部分表述的重点，是让受众有认同感，感觉到确实如此，在心里微微点头。

给出结论

与很多律师交流之后，得出一个基本的结论就是，合同起草审查这件事，缺乏标准。

这个结论，受众未必有感觉，需要进一步分析，让受众认同、确认。

拆解结论

什么叫缺乏标准呢？没标准就是同一件事，不同人做出来的结果不一样。

我们来举个最简单的例子——

举例分析，强化受众认同感

假如现在有一份股权转让合同，请现场坐在第 1 排的 10 位律师来审查，要求 24 小时以后提交各自的审查结果，那么请大家猜猜看，他们提交的审查结果，是非常一致还是非常不一致呢？

停顿一会儿，等大家反馈。大家会出声或在心里说“不一致”。

对（这个“对”字是回应大家的看法），很大可能是提交的结果非常不一致。

有可能这位律师在这方面经验丰富，了解完基本情况后认为，应该先做一个尽职调查，看看公司情况、负债情况、标的情况，认为这个涉及控制权的变更，不一定要用股权转让，资产收购比股权转让更适合，于是他选择推翻交易结构，改成资产收购的模式，因此，建议把原来的合同推翻，重新起草一份全新的合同。

这里可以挑选现场某位认识的律师来举例子，但当举相反例子说某某对这个领域不擅长的时候，最好不要具体到现场特定的人。

而另外一位律师可能对这个领域不是太了解，他觉得这个合同基本的条款都挺齐全，于是大致看完，觉得没太多需要修改的地方，于是他给出的审查意见是三个字：没问题。

在说到三个字的时候，可以稍微停顿，受众心里会猜，哪三个字呢？说出“没问题”的时候，如果受众节奏跟的好，能会心一笑，以表示赞同这种情形。

这里举两个比较极端的情形，能够说明问题即可。讲课中，如果能用真实的、现场的人举例（只要不是反例），就尽量用真实的人，被提到的人有存在感，有现场感。因此，尽量不要小王、小张这样的虚拟称谓。

我们看到，同样的一份合同，不同律师的审查结果非常不同。这就是合同工作缺乏标准的体现。

更进一步，缺乏标准的坏处

那我们不禁要问，缺乏标准是一个很严重的问题吗？

是的，标准非常重要。比如，在实体产品的规模化生产过程中，必须有标准，哪怕我们生产一瓶矿泉水，也有国家标准、行业标准、企业标准。如果没有标准，就没办法进行统一的品质控制。

同样的道理，如果合同起草审查工作缺乏标准，也就难有品质的保障。

得出结论：行业需要一个标准

所以大家看到了，这不仅是一两位律师的难题，也是全国律师朋友在起草审查合同工作中的难题：合同起草审查工作缺乏标准。

至此，彻底得出结论，合同工作的根本问题是缺乏标准，铺垫给出标准的必要性，这也是接下来“三观四步法”作为标准的方法的价值。

在讲课过程中，要注意感知受众是否在紧跟问题的逻辑。如果不完全确认，可以适当问一句：“我说明白了吗？”得到受众确认回应后再继续。如果受众没听明白，那就可以适当返回前面的话题，重新补充解释前面的问题，然后再确认。这里还要提醒，建议说“我说明白了吗”而不要说“你们明白了吗”，因为前者从用户视角出发，后者则可能让受众感受到不那么友好。

本书第三章给出了一次讲课的全文稿，开场部分是先提出一个具体的问题，然后围绕问题层层深入，得出合同起草审查的核心问题是缺乏标准的结论，可留意观看。

第三，停顿也是节奏的一部分。经验不足的讲师往往不敢有片刻停顿。整场课程一句紧接一句，害怕一段时间的沉默会让场面变得尴尬。其实停顿也是节奏的一部分。钢琴上有黑白键，绘画中讲究留白。讲课也应该有停顿。

举两个例子。前文在开场的时候，我强调可以上台后先沉默 5 秒钟，这段沉默让观众的期待和注意力积聚，等着你说第一句话。在讲课的中途，如果提出一个值得思考的问题，也不着急马上讲下面的内容。比如，我在讲到合同起草审查的微观部分时，给大家讲述了一个电影片段，请大家根据这个片段思考一下如何起草合同。在请大家思考的这段时间，可以有一个短暂的停顿。这个操作要注意尺度，停顿的时间不宜过长，根据经验，可能不超过 1 分钟。在这 1 分钟的过程中，最好走入受众中间，看着大家的思考，然后开始后面的环节。

正常讲述的过程中，忽然陷入停顿，好像在边讲边思考，然后开始后面的内容，有时候也能起到独特的效果。它给受众的感觉是，讲师不是竹筒倒豆子般在讲课，而是有所思考，有时候也能起到特别效果。当然此种情形下，不应该是讲师真的没想明白。

第四，适当考虑走进受众中间，而非一直站在台上。年长的比较传统的讲师，尤其大学的老教授，比较习惯全程坐在台上讲课。越来越多年轻的讲师习惯于全程站立讲课。有些场合还可以走进受众中间。我采取的方式是后者。在与受众互动的环节，往往会走到被提问者身边，近距离面对面交流，效果往往更好。

当走近受众时你会发现，有一种无形的场被打破了，讲师跟受众之间的隔阂被打破了，整个氛围会更融洽。实际上，经验不足的讲师，在心理上往往不敢亲近受众，不敢走近受众。这种情况下强迫自己走近受众，更能打破隔阂，更好地与受众融为一体。

走近受众的这个要求并不绝对，在我几百场的讲座经验中，有 2~3 次刻意尝试坐在前面固定不动讲课，有一次是在河南，还有一次在湖南长沙，当讲课经验足够多，对内容的把控足够熟练时，即使坐着也不是不能讲得精彩。但对于经验相对不那么丰富，气场还比较弱的讲师，建议还是站着讲课，并且考虑走近受众。

4.6　功夫在诗外，从优秀作品中感知节奏

下面这段文字很多人可能耳熟能详：

天色微微向晚，天上飘着懒洋洋的云彩。下半截沉在黑暗里，上半截仍浮在阳光中。那一天我二十一岁，在我一生的黄金时代，我有好多奢望。我想爱，想吃，还想在一瞬间变成天上半明半暗的云。后来我才知道，生活就是个缓慢受锤的过程，人一天天老下去，奢望也一天天消失，最后变得像挨了锤的牛一样。可是我过二十一岁生日时没有预见到这一点。我觉得自己会永远生猛下去，什么也锤不了我。

这段话出自王小波的经典作品《黄金时代》，为什么它会广为流传，仔细读下来，里面并没有华丽的句子，也并不像唐诗那样有严格的韵脚。但你仍然能感觉到其中独特的美感，这种美感有一种微妙的节奏，打动人心。如果不相信，你可以出声读一遍试试。

接着看一个国外的例子，比尔·克林顿在自传 *My Life* 中这样开头：

When I was a young man just out of law school and eager to get on with my life, on a whim I briefly put aside my reading preference for fiction and history and bought one of those how–to books: How to Get Control of Your Time and Your Life, by Alan Lakein. The book's main point was the necessity of listing short–, medium–, and long–term life goals, then categorizing them in order of their importance, with the A group being the most important, the B group next, and the C the last, then listing under each goal specific activities designed to achieve them. I still have that paperback book, now almost thirty years old. And I'm sure I have that old list somewhere buried in my papers, though I can't find it. However, I do remember the A list. I wanted to be a good man, have a good marriage and children, have good friends, make a successful political life, and write a great book.

Whether I'm a good man is, of course, for God to judge. I know that I am not as good as my strongest supporters believe or as I hope to become, nor as bad as my harshest critics assert. I have been graced beyond measure by my family life with Hillary and Chelsea. Like all families' lives, ours is not perfect, but it has been wonderful. Its flaws, as all the world knows, are mostly mine, and its continuing promise is grounded in their love. No person I know ever had more or better friends. Indeed, a strong case can be made that I rose to the presidency on the shoulders of my personal friends, the now legendary FOBs.

My life in politics was a joy. I loved campaigns and I loved governing. I always tried to keep things moving in the right direction, to give more people a chance to live their dreams, to lift people's spirits, and to bring them together. That's the way I kept score.

As for the great book, who knows? It sure is a good story.

接下来试着把它翻译成中文，一边翻译，一边尝试展示其中的节奏之美。

想象一下，作为美国最成功的总统之一，克林顿年纪轻轻担任总统并连任，美国经济取得显著的发展，卸任时也仍然算得上年轻帅气。他该如何总结自己的过往？想必他的一生有很多精彩时刻，自传的开头从何谈起呢？我们来看他的笔触。

当我还是个年轻人，刚刚离开法学院的时候，我迫切地期待开始我的生活。有那么一阵子，我忽然放弃了我一贯热爱的小说和历史，而是买了一本所谓的讲述“如何如何”的书，名字叫：如何把握好你的时间和生命，书的作者是 Alan Lakein。这本书的主要观点是建议根据重要性列出自己的短期、中期和长期目标，A 类是最重要的，B 类次之，C 类再次之，并且在每个目标下面列明要实现目标所要做的事。我至今还有那本书，已经将近 30 年了。我确定我写的那个单子也还在，虽然我一时找不到它。但是，我清楚地记得我列的 A 类清单。我想做一个好人，有幸福的婚姻和孩子，有好朋友，创造一个成功的政治生涯，并且写一本好书。

我是不是一个好人呢，这可能得让上帝来评价。我知道我并没有最强烈的支持者所认为的那么好，也没有最强烈的批评者所说的那么不好。我与希拉里和切尔西的家庭生活给我带来了无与伦比的荣耀。像所有家庭的生活一样，我们的生活并不完美，众所周知，这些不完美大部分是由我造成的，但他们给了我持续的爱。我认识的人中没有一个人有更多或更好的朋友。事实上，有一个强有力的理由可以证明，我是靠我朋友们的支持才成为总统的。

我的政治生涯充满乐趣。我热爱竞选，热爱执政。我总是努力让事情朝着正确的方向发展，给更多的人一个实现梦想的机会，振奋人们的精神，让他们走到一起。我就是这样得分的。至于伟大的书，谁知道呢？这确实是一个好故事。

以上是翻译的有节奏感的文字，这样的文字当然还有很多，只要你能感受到其中的韵律。最后，把我最喜欢的一首词作为节奏之美的典范放在这里，它就是欧阳修的《醉翁亭记》，每当边爬山边在脑海回旋这些句子时，都让我的生活充满了美感。这就是我在本书中强调的节奏。

环滁皆山也。其西南诸峰，林壑尤美，望之蔚然而深秀者，琅琊也。山行六七里，渐闻水声潺潺而泻出于两峰之间者，酿泉也。峰回路转，有亭翼然临于泉上者，醉翁亭也。作亭者谁？山之僧智仙也。名之者谁？太守自谓也。太守与客来饮于此，饮少辄醉，而年又最高，故自号曰醉翁也。醉翁之意不在酒，在乎山水之间也。山水之乐，得之心而寓之酒也。

若夫日出而林霏开，云归而岩穴暝，晦明变化者，山间之朝暮也。野芳发而幽香，佳木秀而繁阴，风霜高洁，水落而石出者，山间之四时也。朝而往，暮而归，四时之景不同，而乐亦无穷也。

至于负者歌于途，行者休于树，前者呼，后者应，伛偻提携，往来而不绝者，滁人游也。临溪而渔，溪深而鱼肥。酿泉为酒，泉香而酒洌；山肴野蔌，杂然而前陈者，太守宴也。宴酣之乐，非丝非竹，射者中，弈者胜，觥筹交错，起坐而喧哗者，众宾欢也。苍颜白发，颓然乎其间者，太守醉也。

已而夕阳在山，人影散乱，太守归而宾客从也。树林阴翳，鸣声上下，游人去而禽鸟乐也。然而禽鸟知山林之乐，而不知人之乐；人知从太守游而乐，而不知太守之乐其乐也。醉能同其乐，醒能述以文者，太守也。太守谓谁？庐陵欧阳修也。

4.7 讲座要不要中场休息，需要注意什么

为了怕受众离场而不中场休息不可取

有一次去山东某律师协会讲课，负责组织这场讲座的律师协会副会长提前跟我说：“常律师，我建议咱们中间就不要休息了，直接一口气讲完就行。”

“为啥？”我问。

“因为根据经验，中间一休息啊，很多人就离场了。”

我听后哈哈一笑，我理解这位会长的细心和好心。一般来说，由于合同公开课是免费课程，受众并没有付费，加上可以自由离场，那么是否离场就全看讲课是否有吸引力了。这位会长之所以这么说，大概是之前的多次讲座，中途离场的人太多了，导致场面尴尬。

对此我非常理解，我说：“如果不是有别的考虑而仅仅是这个考虑的话，那请您放心，咱们就正常休息就好。”

后来，那场讲座有近 400 位律师参与，是该地区全部律师人数的 1/3，全程几乎没有人离场。晚上几位律师协会

副会长与我一起吃晚餐。副会长开玩笑地跟我说，奇怪了，开场致辞的司法局杨处长以前都是致辞结束后稍坐一会儿就离开忙别的工作去了，这次居然全程也跟着听了 3 小时。旁边的杨处长听完哈哈大笑，说："是啊，我是想听两句就走的，谁知道一听进去忘了走了。"

这当然也不排除是善意的夸奖之词。但是，我跟小伙伴们有个要求，即要求每次讲课都请小伙伴帮我统计开场时的人数和下半场开场时的人数。假定开场 300 人，下半场开场剩下 150 人以内，那么离场率就是 50%，显然说明这场讲座很不成功。1 年 100 多场讲座下来，汇总分析这些数据，有很多有趣的发现。比如，在珠海、天津、厦门等多个城市，下半场的人数反而比开场还要多。为什么呢？因为上半场讲的过程中，有律师发现很精彩，就会在自己的工作群里发微信，说这个讲座很不错，大家赶紧来，于是就会有人中途赶过来。全程有人在走道、门口站着听的时有发生。

这里想强调的是，对于非收费的 3 小时课程，建议中场还是要安排休息，一方面这样更人道，受众一口气听 3 小时会比较辛苦；另一方面，对讲师也是个客观考量，通过离场率来监测自己的课程质量，倒逼自己不断提高质量。

中场休息的注意事项

第一，要出其不意，预留悬念。要严格避免一种情况，即讲着讲着看看表，然后说："快 10 点半了，咱们再把这个问题讲完就休息一下。"这个做法会是什么效果？受众会开始从内心等待休息，从现在的内容上走神，边听边想："现在还差几分钟？怎么还不休息呢？"

正确的做法是，讲到精彩处，把一个段落完结。然后很自然地开始下一段，下一段提出一个问题后很自然地说一句："这个问题怎么解决呢？咱们现在休息 10 分钟，10 分钟后继续。"在受众没料到的情况下，戛然而止。逐字稿演示如下：

这就是我们讲的"三观四步法"中宏观—交易结构部分，交易结构部分非常重要，也很体现律师的专业能力。"三观"中的中观是什么呢？是合同形式。什么是合同形式，合同形式层面要注意什么呢？我们休息 10 分钟，稍后继续。

相信我，如果节奏把握到位，会有一阵自发的掌声响起。

第二，提示时间，准时开始。一般几百人的会场中场休息时，受众会就近上洗手间，或者接打一些电话，回复一些消息，这样很容易忘记休息的时间。建议在屏幕上设置一个倒计时闹钟，大大地显示在屏幕上（见图 2–19）。

图 2–19 3 小时合同课课件示例

这个闹钟会动态地走动，到时间后，会响起像高中课堂那样的铃声。当然如果自己制作一个实时显示的秒表，到时间后及时响铃也是可以的。

闹钟响铃之后，通常并不是每个受众都已经回到了座位。此时可以引导大家迅速回到座位，回到听课的状态。跟大家分享几句我常用的小技巧，台词如下。

好的各位，到时间了，我们开始继续讲课。我看到还有一些朋友在外面的过道上，请方便的朋友帮我招呼他们回到座位。现在我们来玩个游戏，我开始倒数 3 个数。数完之后还没回到座位，还站在那里的朋友，我们就请他上来表演个节目好不好?

大家往往说好，然后开始倒计时。“3——2——”拖着声音数数，大家以为要数“1”的时候，可以数一下“1.5”。这时候过道上的人正在快速回座位以防被抓上台表演节目。根据大家的节奏，可以数出类似“1.25”“0.8”这样的数字。在大家的欢笑声中，大部分人就快速入座了。

第三，适当回顾上半场内容，然后继续。即使是 10 分钟的中场休息，可能也有人忘记了前面的内容，或难以马上进入后面的内容。一个简单的做法是一句话回顾前面的内容。通常我的做法是这样的：“请用四个字来描述上半场我讲的重点，应该是哪四个字？”如果上半场正常发挥，讲得比较精彩的话，大家会说：“非常精彩！”然后气氛就很愉悦。这时候我会一本正经地说：“谢谢，谢谢，我们上半场的四个字应该是‘交易结构’。”

跟前面的数数一样，这里都有一些预期违背，大家以为的和你回应的之间有个小意外。“好的，前面我们讲了‘三观’中的宏观，四个字‘交易结构’，接着就是中观中的‘合同形式’。”这样就进入了下半场的正题。

即使是一个看似简单的中场休息，也是可以控制它的节奏的。我专程到一个城市去讲课，一共 3 小时，既不希望浪费自己的时间，也不希望浪费大家的时间。严格把控时间，才能在既定时间内提供足够扎实的信息增量，3 小时课程结束后，大家才更会收获满满。

4.8 如何持续迭代你的课程

一个好的课程，可以看作一个作品，好的作品是需要打磨迭代的。德云社的相声，并不是随便一段都会被随机拿到大场合商演，而是先在小剧场打磨，打磨到充分成熟了，才会拿到几千人甚至更多人的大场合演出。这是品质控制，避免砸了自己的招牌。

我在 2019 年密集讲了 122 场课。每次课的课件都不完全一样，每次讲完课都马上复盘，作出微调。每场讲课都是单独文件，自己能看到它一步步完善的样子。其中有两场我印象特别深刻。

第一场是在贵州的贵阳。那次课程大约有 800 位律师报名，当地律师协会负责人说，贵阳能容纳 1000 人的会场只有 2 个，好不容易才订到这么大的会场。我自己也特别重视，提前认真梳理了课件。正式讲课前，组织方带我和工作人员在会场附近吃了饭。讲座准时开始，站在讲台上，偌大的会场几乎一眼望不到头，满满地坐了近千人。听说，并不是所有的人都是贵阳市区的，有不少是周边区县开了几个小时的车才专程赶来的。我自然十分重视，想要用心把课讲好。（见图 2–20、图 2–21）

图 2–20　常金光在贵阳 3 小时合同课现场（1）

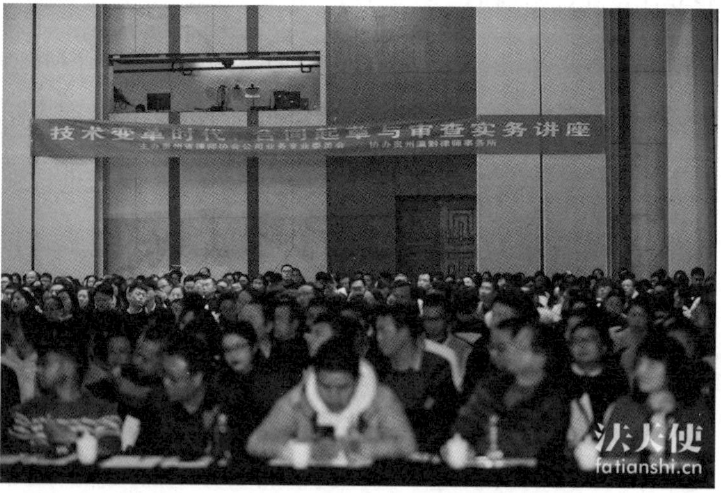

图 2–21　常金光在贵阳 3 小时合同课现场（2）

结果如何呢？中场休息的时候，就有部分人离场。讲到结束的时候，我自己觉得节奏不对。虽然不至于太差，但确实没达到自己的预期。我怀着沮丧的心情告别了贵阳，搭乘当晚的飞机飞往浙江台州，在那里是另外一场 300 位律师的讲座。

我在飞机上一刻也没休息，认真思考贵阳讲座出了什么问题。问题出在了以下 3 个方面，我依然清楚记得当时复盘的关键点。

第一，会场太大，我对那么大的会场还没有足够控制力。在台上说一句话，感觉声音也需要一点时间才能传到最后一排，能真切感受到声音很难覆盖住这么大的会场。当时我的讲课经验还不足以解决这个问题。

第二，内容安排不当。在那个版本的课程中，有一个视频片段是截取了一段电影情节，根据这个情节，请现场的受众思考如何为剧情起草合同。那个环节的互动性较好，设置这一环节是为了在大家已经比较疲劳的情况下能很好地重新唤起注意力。可是那次却放在了上半场，在大家注意力还好的时候用了它，下半场反而失去了原本该有的视频部分。

第三，我太在意反而失去。我觉得难得有这么多人到场，自己更应该珍惜，应该好好卖力气把课讲好，结果反而是越在意节奏越不够松弛，效果适得其反。

在飞机上调整好后，落地就去了浙江台州律师协会，

300 人的会场比 1000 人少了不少，课程内容的顺序也作出调整。讲座取得了非常好的效果，几乎是满分。结束后当地负责接应我的律师说："常律师你知道吗？这个场地凑巧也是我结婚的场地，今天讲课的氛围跟我当年在这里办婚礼的效果差不多，大家都很开心喜悦，又觉得收获很多。"

短短的十几个小时，我对合同的理解本身发生了什么变化了吗？显然并没有，但通过复盘迭代，课程得以优化。我就是以这样的方式，持续不断地观察、记录和复盘，持续地优化课程。

2019 年年底，我去云南昆明讲课，云南距离贵州不算远，让我想起了贵阳那场不够成功的讲座。巧合的是，昆明这场报名的人也很多，大约 1000 人。我心想，经历了几十场的优化迭代，我这次应该可以把 1000 人的课讲好了吧。提前一天我到会场看了场地，工作人员说，这是当年俞敏洪来昆明讲英语课的地方。我看着空空的座位，想着明天要把课讲好。

次日，会场坐得满满当当。我用沉稳的脚步走上讲台，站在讲台中间，看着台下的朋友，我自己内心的节奏告诉我，我应该能把课讲好了。果然，那场讲座相当不错，结束后我飞往湖南继续下一场讲座。我知道，相比此前贵阳的我，无形中我已经发生了一些质的变化了。在我心目中，未来不管是几百人还是几千人，我都有内心的节奏，都能把课讲好。（见图 2–22）

图 2–22　常金光在昆明 3 小时合同课现场

我想用这段经历告诉你，第一，好的课程需要持续迭代，关注每个细节，做外人可能根本注意不到的优化。第二，一定要持续讲同主题课程，这样才能形成对比和优化，而不是讲各种不同的课程，换言之，尽可能讲 20 场同一个主题的内容而不要 20 场讲 20 个不同主题的内容。聚焦，高强度重复，是迭代的前提。

4.9 练习：观摩优秀相声中的节奏

到各视频平台搜索一下岳云鹏和孙越的相声《绕口令》或其他你喜欢的相声类节目，又或者经典演讲，注意观察它的节奏，观察语句停顿情况以及内容逻辑层面的节奏。

5　如何设计互动：互动的本质是参与感

课程形式可分为三大类：讲授型、实操型和研讨型。三者各有特点，本书以第一种为重点。讲授型的优点是便于向受众交付更多知识，缺点是受众单向接收信息容易产生疲劳。实操型受众参与度高，但获得的信息量往往较少，适合偏向于实践性的课程。研讨型的课程要求参与者具有与讲者研讨的能力，一般要求参与人数少一些。

为了克服一定程度上讲授型课程的不足，互动就是个特别值得注意的问题。这让我想起 2018 年在江西南昌的一次论坛活动，现场律师有 300 人左右。

第一个上台分享的嘉宾是一个阳光热情的讲师。他上台后，很有意识地想要跟现场的受众互动，开场不久就停下来问大家："接下来我需要有个人跟我互动一下，哪位跟我互动一下呢？"发现下面没人有反应，于是就说，哎呀，大家不要怕，跟我互动一下吧。他焦急地挠着头，不明白大家为什么这么不爱跟他互动，大概是觉得律师人群过于内向保守吧。

这有点像相声演员讲相声，自然是希望观众能发笑，但如果观众不笑，你不能下场动手挠观众的痒逗笑。讲师希望受众与他互动的愿望是可以理解的，但你不能要求大家与你互动。

5.1 由浅入深：从一开始就营造互动的氛围

我开场的问候方式通常是简单的一句：各位律师朋友，你们好吗？

这是一个再简单不过的，程度极轻、门槛很低的互动，简单到受众只需要回应一句“好”这个互动就完成了。这个操作还有个好处，就是卸下讲师身上的注意力压力。讲师走上台的瞬间，几百观众的目光全部聚焦到讲师身上，经验不足的讲师会感到压力巨大，经验特别不足的讲师会紧张到腿抖和手抖。记得一次在江西一家律所讲课，台上的主持人紧张到几乎站不稳。我就坐在第 1 排等着上台，感觉她 5 分钟的开场介绍像是在受重刑。如果把一个“你们好吗”这样的问题抛给受众。在一瞬间受众的注意力又回到自己身上，在一定程度上，主持人也就卸下了台上的压力。

讲师和学员之间是一种互相影响、互相塑造的关系，如果一开始讲师就向受众开放互动的机会，那么受众就会被鼓励，就会意识到在这场讲座中自己是有话可以说的。

5.2　提问互动要讲究技巧，让愉快的氛围在空气中流动

第一，提前为参与者消除顾虑。我在讲课中观察到一个微妙现象，在律师协会讲课，几百人的会场，往往不少律师都乐于互动，积极回应课程中的问题。到某个律师事务所讲座，律所主任很重视，带头坐在第 1 排的讲座，往往比较沉闷。为何如此呢？在熟识的同事们面前，原本以为大家会更放松自如，其实不然。很多年轻的律师，害怕在律所主任面前“露怯”，反而不好意思说话了。

受众最大的顾虑无非主动参与回答问题，却当众回答错误，让自己没面子。讲师应该主动扫除这方面的顾虑。我通常会在第一次提出问题前，做一下顾虑扫除工作。比如我会说：“咱们法律属于文科，文科跟理科的一个显著区别是，很多问题没有唯一答案，都有探讨的空间。哪怕是每年组织的法考，也都还可能存在错题呢。因此接下来我提的问题，大家尽管发表自己的看法。还有，只要你的说法言之成理，有自己的逻辑，就是非常棒的。”这样一来，相当于给大家提供了一个“不用答对”的声明，大家可以放松自如地参与讨论。

第二，问题要清晰确定，避免受众参与话题时跑偏。在课程上的提问，原则上是希望通过受众的参与，讲出进一步的知识点，受众的发言很大程度上是在讲师的预料之内，但如果讲师的问题范围太宽或没有界定清楚，受众就很可能答非所问，整个内容跑偏，陷入尴尬。

发生这种状况的原因不在于受众，而在于提问者。提问者要尽量界定清楚问题。举个例子，在讲到合同类型的时候，常常会举一个真实案例：一位英语老师跟教育机构签合同，编写 6 本英语学习辅导书，教育机构分期支付稿费。结果，书稿交付了 2 本，还有 4 本没交付的时候，教育机构单方通知老师解除了双方之间的合同。英语老师不同意解除，因此提起仲裁申请。

在这个案子中，需要跟受众互动的问题是：教育机构有无权利单方解除双方之间的合同？

这个问题提出后，有学员就会回答说：当然有权解除啊，任何合同的主体都可以要求解除合同，但对方是否同意就不一定了。这个回答就是一个预期之外的没有实质意义的回答。原因在于，这个回答把解除理解为提出的权利，回答者认为无论能不能解除，当事人总是有权利提出这个请求的。

实际上，这个问题想问的是教育机构有没有解除权，也就是说从合同的状态上，英语老师收到解除通知后，合同有没有发生被解除的后果。

还有的学员会回答，那要看双方之间的合同是怎么约定的，如果合同约定了教育机构可以随时解除，那就可以解除。这个回答不能说不对，这个回答实际上是在回应约定解除的问题，也就是说，如果合同约定了可以解除，自然是可以解除的。这也是在提问者的背景交代不够清晰的情况下导致的一个意义不大的回答。

更恰当的做法是，提问者先明确背景："在这份合同中，当事人之间并没有约定任何一方可以任意解除合同，那么这种情况下，教育机构发出解除通知后，合同有没有被解除？"这样一来，问题就有了更明确的限定，回答者就不用考虑合同中约定可以解除这种情形了。

清晰界定问题，会使提问和互动更有针对性，更能沿着话题的走向发展，也避免参与者答非所问而情感受挫。我看到一些讲师与受众互动曲折而低效，往往是问题没有明确的限定导致的。

这里解释说明一下，前面那个案例问题是如何与合同类型的知识点相结合的呢？合理的路径是，在合同没有约定当事人是否有权解除合同的前提下，就要思考这是个什么类型的合同，进一步确认这是个承揽合同，而《民法典》

规定，承揽合同的定作人在承揽任务完成前，有权解除合同，从而得出结论，即教育机构是有权解除合同的，解除权作为一种形成权，在送达案例中那位老师的时候，合同已经被解除了。

由此可见，一些合同的风险是隐藏在合同类型之中的，当起草审查合同的时候，有必要先思考这是个什么类型的合同，进而发现这个合同中隐藏的风险点，站在委托人立场适当控制这个风险。

在这个讲授环节，从一个让受众感到有点难的案例出发，引发一个讨论，讲师与受众充分互动，引导得出结论，并给出解决方案。这就是一个完整的逻辑单元。受众因为参与而印象深刻，因此，能起到不错的课堂效果。

第三，对回答者要第一时间充分肯定，无论回答是对还是错。如前面帮助互动者扫除顾虑所言，在互动者参与互动后，讲师应该第一时间给予充分肯定。注意有两个关键词，首先是“第一时间”；其次是“充分肯定”。假如回答错误，也要肯定吗？也要肯定，肯定的是回答者参与的态度，而未必是答案本身。

我一般会在回答者讲完后，首先大声说，说得好！或者，说得很好！假如他回答不准确，我会再补充一句，有自己的观点就很棒。但请各位注意，我说说得很好，不代表答案本身完全准确哈。有没有人有不同观点呢？顺势可以请下一位继续互动。

在不同参与者回答结束后，要适当回顾所有参与者的观点，把不准确的回答中“合理”的部分予以强调，这样既能进一步阐述清楚问题，也能让说的不准确的参与者的回答被其他人理解。很多时候，他的不准确之处也是其他没参与互动的人心里的观点。其实，在讲课过程中，错误的回答也是有意义的，他代表了受众知识的缺口，可能很多人都有这个问题，借由错误的回答给予讲解，才能帮助大家走向正确，才让受众有收获感。如果每个问题的回答都是对的，那反而不太正常。

另外，还可以有意识地给参与者一些展露的机会，比如，我会顺势问，说得特别好，您怎么称呼？受众说，我姓罗。然后我就说，好的罗律师。大家给罗律师一点掌声。引导大家给出即时鼓励。需要提醒的是，无论肯定还是鼓励，都要本着真诚实在的原则，把握好尺度，不要过度表扬。我看到一些年轻的讲师会过于夸张地表扬参与者。凡事过犹不及，尺度很重要。

这些细微之处看似琐碎，然而无数个细节叠加起来，就会营造一个不同的讲座氛围，让愉悦的气氛在空气中流动。

5.3 互动的本质是参与感，形式不限于提问题

提问是一种重要的互动方式，但互动绝不局限于提问。互动的本质是参与感，之所以要互动，是为了让受众有参与感。只要一个方式能让受众有参与感，那就是互动的方式。

举个例子，当讲到所有权保留条款的时候，有一些律师不太知道这个条款的含义和应用场景。我会这样讲："所有权保留常用于哪种交易场景呢？"大家略沉默。我继续说："用于动产买卖且分期支付的场景。"大家认真听，我继续说："大家都知道，动产买卖，标的物所有权转移的时间是——"此时大家异口同声地说一句"交付的时候"。我回应，"对，但法律另有规定或当事人另有约定的除外。既然当事人另有约定的除外，那么这就是律师起草审查合同的一个风险控制手段。"怎么控制呢，其实就是双方当事人特别约定在货款未付清之前，尽管动产已经交付，但所有权暂时不发生转移，换言之，东西是给你了，但说好它还是我的，什么时候就真的是你的了呢？我收到全款的时候。这就赋予卖方一个基于所有权救济的权利，未来若收不到全款，除了主张买方付款，还可以选择凭借所有权主张返还标的物。

在这样的讲授过程中，受众从听自己不了解的点，到参与自己了解的点，最后获得一个自己之前不知道的知识点。互动并没有刻意进行，而是通过一个语气的停顿，给受众一个参与的契机。然后继续后面的话题。适当营造和把握一些这样的环节，会使讲座的气氛上下融合为一体，讲者和听者都很愉悦。

互动的其他方式还有分组讨论和练习，上台演示和举手回应选项等。在法天使合同起草审查实训营 2 天 1 夜的课程上，学员会被分为 6 个小组，每组 7~8 名成员。有的作业需要小组配合完成，最后的结业考试也要计算小组的平均成绩，以此评选出优秀小组。

5.4 如何应对受众的提问

有人对讲课的恐惧之一是害怕被受众提问，尤其害怕被受众“问住”。有一次，一位到各地讲课的资深老师，对着中国地图跟我分享过一个“被问住”地图。他根据自己的讲课经验，告诉我在哪些省、哪些城市容易碰到课堂上的“捣乱分子”。这样的地域特征或许存在，但我自己到各地讲课，倒是没有明显感觉。即使有这样的情况，我们也不能绕道而行。

针对这个问题，要区分两种情形加以解决。

第一种是受众的“正经”提问。如果对方的提问你没听明白，不要仓促作答，可请对方尽量明确问题。如果问题听明白了，自己正好了解答案，则当众回答。如果自己不知道答案，则不妨大大方方地说：“惭愧了，这个问题我了解得还不够，需要另外研究好与你交流。”然后不妨邀请对方留下联系方式或课下单独交流。不宜采取的做法是明明不了解那个问题，却为了面子而勉强作答，此时可能给出错误的回答，也错过了自己找到正确答案的机会。坦然承认自己并非无所不知不会减损讲座的权威吗？问题的关键是你原本的讲座是否真的有干货。如果原本有干货，不会因为一个问题回答不上来而变得没有干货。

讲课的好处之一就是倒逼自己学习。为了输出好的内容，应该逼迫自己全面学习，高负荷地准备，从而把自己在这个领域的认知推进一大步。这个过程或许不轻松，但恰是收获所在。

第二种是受众的“捣乱”提问。每个人的性格不同，有的人是表现型人格，特别希望在公众场合通过刁难他人而赢得存在感。在我众多讲课经历中，印象较深的是在南京一家律师事务所，遇到一位屡屡提问希望发表不同看法的受众。那场讲座结束后，该律所的几位合伙人请我共进晚餐。他们热情地举杯对我说：“每次有人做讲座，那位‘博士’都喜欢找茬儿，您今天的课不但精彩，也让那个爱找茬儿的人服气。”

我是怎么让他服气的呢？其实很简单，就是给他说的机会，每讲到下一个知识点，就主动找他，定向提问他，让他说。一个逻辑强大干货很足的课程，对方不可能完全知道每个知识点的答案。5 个问题中，问住对方 3 个，对方自然就慢慢服气了。反之，如果对方能给出正确回答，就给予足够正面的表扬。此时你多了一个积极互动的人，推进了课程的进度，本身也是好事，同时也满足了对方的表现欲。

5.5　让受众参与演示，了解产品功能

在 3 小时的合同公开课上，要向大家介绍法天使律师助手会员功能，这个软件的使用场景之一是嵌入 Word 和 WPS 里的插件，可以在不离开 Word 或 WPS 的情况下，方便用户使用各类合同模板、查询法律法规及工商信息等，其中有个工具箱，能够帮助用户计算各类法律数据。如有人因故受伤或死亡，应该获得多少赔偿金，这是个计算繁杂的法律问题，需要查证相关法律法规，了解计算项目、参考数值和计算方法。（见图 2-23）

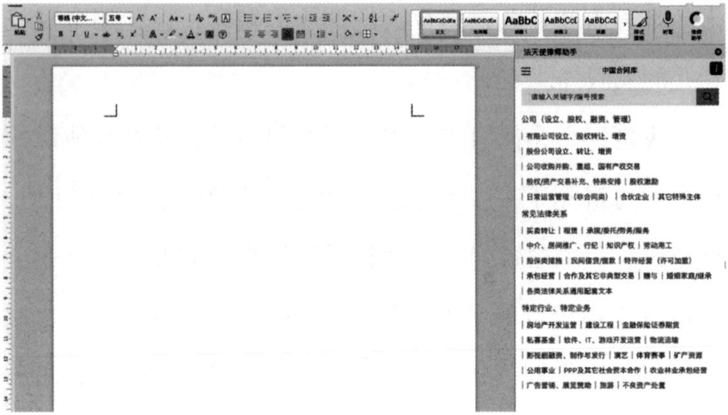

图 2–23　3 小时合同课课件示例

通过法天使的律师助手，可以几分钟时间快速计算。类似的功能点非常受法律人的喜欢，如何展示这些功能点呢？通常会随机邀请一位受众上台参与。给定一些基础信息，比如，因故死亡的人的年龄、父母状况、孩子状况等，上台的参与者即可快速获得一个完整全面的计算结果，并配备了计算依据和适当的说明。此种方法几乎可以作为类似案件的解决方案使用。也可以让参与者动手查找一些常用的合同模板，会发现绝大多数合同类型，都有很优质的模板。

相较而言，让受众直接参与，比讲师单方面地演示和讲解效果要好很多。魔术师很擅长此类操作，神奇的魔术常常请一些观众参与其中，增加了魔术演出效果。

除此之外，在遇到非此即彼的问题选项时，举手投票是简洁有效的参与方式。在“三观”中微观合同条款篇会讲到“本合同自双方签名、盖章之日起生效”的小例子。在这个表述当中，顿号是“或”还是“且”的意思呢？

如果认为顿号是“或”的意思，则意味着合同当事人只要签名或者盖章，合同就生效；如果是“且”的意思，则须合同当事人既签名又盖章才能生效。每次讲到这个知识点，我会现场作调查，请认为是“或”的朋友举手，然后请认为是“且”的朋友举手，大家会直观地发现，两个选项的支持者差不多各有一半。

如果不作现场的互动调查，直接说有人可能认为是“或”，有人可能认为是“且”，则受众未必买账。因为无论支持哪个选项的人，都会以为必然大部分人和自己的观点是一致的。只有现场即时的举手调查，才能直观真切地展示这个问题的争议性。此时进一步分析最高人民法院的既往判例和《民法典》对此问题的相关规定，才更能引起大家的关注，给人留下深刻印象。这个知识点看似简单，其实想要讲得清楚，让人印象深刻并不那么容易，采取上面的办法，往往效果不错。

总结一下，互动是一堂好课非常重要的部分，互动的本质是让受众有参与感，有参与感的课程，参与者印象深刻，体验才会更好。建议所有的课程设计者都要检视一遍，是否设置了足够的互动。把互动的情况作为一个明确的要求和指标，有意识地完成这些指标。假定现场的受众有 300 人，那么可以尝试跟其中不少于 30 人发生互动，这就能确保 1/10 的人有了明确的参与感，课程质量更容易有保障。相反，一旦听众发现讲师完全没有互动的意向，自己完全没有参与的机会，课程的质量通常不好。

5.6 练习：做一次互动的观察

到网上找一段现场比较好的讲课视频，观察 30 分钟，看看讲师是如何与受众互动的，互动的方式有哪些，这些互动在讲座中起到了怎样的效果。对常见的提问式的互动，请观察讲师提问的方式，对问题的界定是否清楚，是否及时给回答者以积极的肯定，回答者“答非所问”时，讲师是如何化解的。这些方面都能展现讲师的控场水平，进而影响一堂课的效果。

6 如何使用 PPT：增色而非添乱

在前文如何设计开场部分，谈到了 PPT 封面的细节和开场前适当使用循环播放功能的细节。PPT 往往会出现在一堂课的全程，这里讨论更多注意事项。在本书中 PPT 就代表课件，包括微软的 PPT 和 WPS 的 PPT，也包括苹果系统下的 Key 文件。

6.1 使用 PPT 常见的错误

第一，字太多且小。整个页面被字密密麻麻铺满，以为这样可以为受众提供更多信息，这种想法是错误的。有人担心自己表达不准确，认为如此做法可以避免讲错，这种理由也不能成立，若真如此，受众就不需要听你讲课了，读书岂不更好？（见图 2–24）

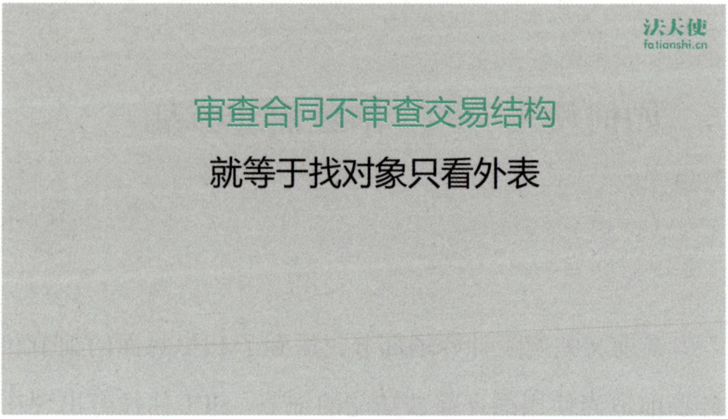

图 2-24　3 小时合同课课件示例

在法律类讲座中，有些情况可以例外。比如，为了准确表达一个判决书体现的观点，则可能不适合概括转述，可以引用全文，但此时应该特别标识部分重点内容，减轻受众阅读负担。再如，在合同课上讲两个网约车平台的用户协议，我把两份协议内容原文放在 PPT 上，但用加粗方式突出显示了想要对比强调的内容，口头解释这份协议的背景和给人带来的启发（见图 2-25）。

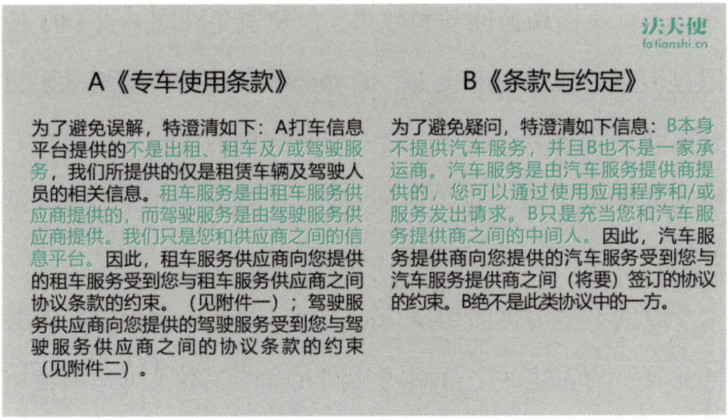

图 2-25　3 小时合同课课件示例

第二，使用非高清图片或低幼风格图片。使用图片达到“一图胜千言”是好习惯，但务必使用高清图片。如果找到的图片不够高清，可尝试用特别的图片修复工具，增加图片清晰度。

专业知识类讲座要避免使用卡通类或偏低幼的图片，并使图片的风格保持统一。一些偏概念性或过于常见的图片也要避免使用。比如，一讲到商务谈判，就是西装革履一脸微笑在握手的图片；一讲到律所环境就是素材库里的高耸入云的大楼。相比之下，应优先用自己办公楼的真实场景照片。如果是人像，应尽量选择有瑕疵感但真实的人物。

第三，滥用动画。动画包括动画按钮设计的动画，也包括不同页面切换的动画效果。严格避免在同一页 PPT 使用过多复杂的“飞来飞去”的动画效果，这些动画效果会分散受众注意力。受众不会一边听你讲的内容，一边在心中欣喜惊呼：“哇，这位讲师太赞了，居然会用这么多动画效果。”

原则上不用页面切换功能，例外是两个页面之间有共同元素，为表达两个页面间共同元素的关联，可适当使用“平滑过渡”的切换方式，“持续时间”选项建议设置为 0.75 秒，也就是比较敏捷快速的平滑切换。

6.2 PPT 设计的 3 个原则

PPT 设计本身是一门专业，有专门的课程，但是对于大部分非专业人士来讲，外包给他人设计 PPT 并不是最优选择。不仅会产生额外的费用，还会有很大的沟通成本。好的 PPT 展示的逻辑要靠讲师来设计，比如，前文我提到诉讼案件中合同纠纷的比例，问题和答案不宜同时出现，这是由讲者自己才能把握的细节。大部分时候，讲师应该可以自己设计、制作 PPT。

这里提供 3 个原则，这 3 个原则加上基本的 PPT 制作技能，就可制作出合格的 PPT。永远不要忘记 PPT 的含义：Power your point。你的观点是核心，PPT 只是辅助。（见图

2–26）

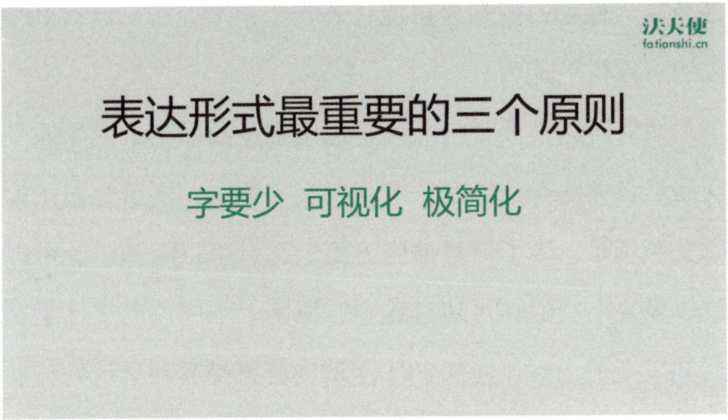

图 2–26　2 天 1 夜合同讲师课课件示例

字要少

大部分人认同 PPT 主要靠讲，而不是读，但我仍然见到有讲师会把需要讲的大量内容放到 PPT 上，问他原因，说怕对内容不够熟悉，写上去自己才有安全感。这种心理一定要打破，如果对内容不熟，需要做的是投入更多时间熟悉内容，而不是把内容写到 PPT 上。坚决贯彻字要少的原则，可以少到只有关键词的地步，起到索引的作用，让受众的主要注意力在讲者身上。

在 PPT 和大屏幕没这么普及的年代，优秀的演讲人做得很好，比如，早期新东方创始人俞敏洪到各大高校演讲，很多体育馆内是没有投影的，一两个小时的演讲也没有 PPT，依然能产生很好的效果。今天，似乎 PPT 已经成为标配，但如果可能，还是应该培养自己没有 PPT 依然可以讲的能力。

如前所述，部分情况可不适用字少的原则，诸如向受众展示具体法条，展示法院裁判文书原文，展示合同条款原文等场景，为了信息准确需要全文引用，则 PPT 上可以放较多文字。但在讲述过程中，原则上不应该全文逐字朗读 PPT 上的内容，应使 PPT 上的内容只是起到呈现的辅助作用。

除了字要少，还可把字设置大一些，尤其在人数超过 300 人的大型场地讲课或演讲。2017~2021 年，法天使每年 12 月中旬举办一场中国合同大会，分享“法天使”对中国合同库的建设进展，并发布新产品。直到 2019 年，我都没真正意识到字不够大的缺点，因为制作 PPT 时自己是在电脑上看，跟现场的比例和观感是不一致的。后来有现场的朋友告诉我，坐在最后一排其实看不清楚，并且字小看着也不美观。从此以后，我有意识地把字调大。来对比一下 2019 年大会现场和 2021 年大会现场的照片，其中第一张是 2019 年的现场，后三张是 2021 年的现场，可看看效果（见图 2–27、图 2–28、图 2–29、图 2–30）。

图 2-27　常金光在 2019 年中国合同大会演讲现场

图 2-28　常金光在 2021 年中国合同大会演讲现场（1）

图 2-29　常金光在 2021 年中国合同大会演讲现场（2）

图 2-30　常金光在 2021 年中国合同大会演讲现场（3）

可视化

PPT 本身是视觉呈现手段，就 PPT 内容而言，根据呈现效率可作以下排序：文字小于图片，图片小于视频。在字要少的原则下，有意识地考虑哪些信息可以用图片更直观地呈现，做到“一图胜千言”。

《合同起草审查：三观四步法》中起草审查合同的第一个理念是“促进交易”。对于律师来说，合同谈判等商务非诉场合区别于法庭诉讼场合。前者要注意营造友好氛围，以便促进交易；后者则根据需要不妨适当展示对抗的一面。总结起来，非诉合同场合应该是“笑眯眯”的，而诉讼庭审场合，必要时可以是“凶巴巴”的。为了直观表达这个道理，为大家准备了这样一张图片，每次放这张图片，都让学员印象深刻，相信你也会过目不忘（见图 2–31）。

图 2–31　2 天 1 夜合同实训营课件示例

对于一场 3 小时的讲座来说，建议有意识地考虑设置一段视频。表现形式的变化会极大唤起受众的热情，视频的制作门槛已经越来越低，既可以自己制作，也可以适当引用一些影视剧视频片段，效果很好。如果一个长时间的讲座自始至终没有一个视频，从表现形式上讲，是吃亏的，是有所遗憾的。可以先本着为了有个视频也要有视频的原则，思考下哪个部分可以用视频方式展现。

极简化

“奥卡姆剃刀原则”可简单表述为：如非必要，勿增实体。可翻译为，能多简单就多简单。乔布斯是极简主义的坚定支持者。苹果产品特别注重极简风格。

PPT 的设计也如此，在一定程度上，各种背景、花纹、修饰元素固然可以更美观，但如果自己是平均审美水平，则不如干脆做减法。“法天使”线下合同实训营课程 2 天 1 夜课件数百页，如果每页都采用极简原则，将会省去大量的时间和精力，也腾出更多的精力做好专业内容。（见图 2–32）

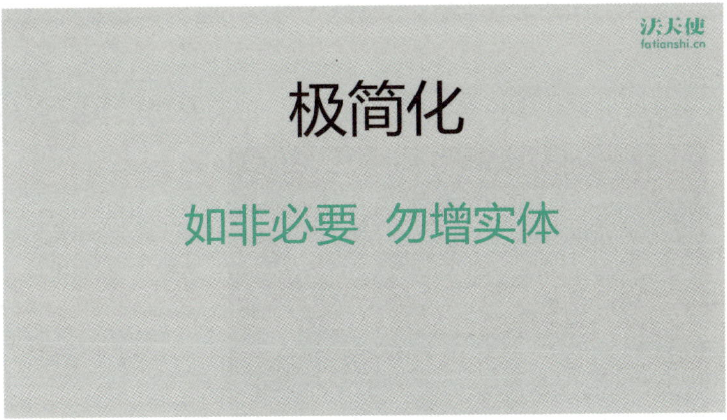

图 2-32　2 天 1 夜合同讲师课课件

除上述 3 个原则外，还有些简便有效的提示。

第一，对齐。页面上的所有文字要有统一的对齐规则，比如，标题与下文左对齐或居中对齐；图片与图片之间对齐，把对齐做好，往往就能提升一大块。为了更好地做到对齐，可在“视图”下点选“标尺”和“参考线”选项，以确保对齐效果。在个别元素如图片的对齐操作上，可以在“大小和位置”选项卡下设置位置的水平位置和垂直位置数值，确保不同元素的绝对对齐，这样往往比手动拖动要精准。（见图 2-33）

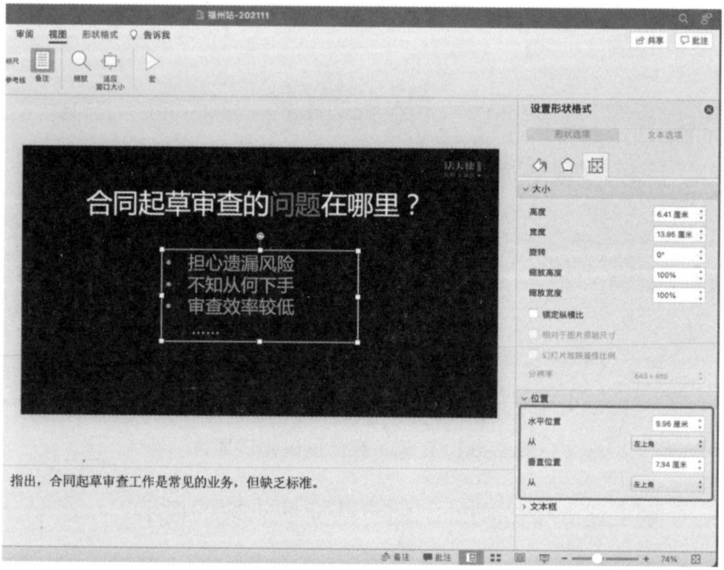

图 2-33　数值设置大小和位置

第二，字号和颜色不宜过多。颜色和字号都不要超过 3 种，字体也尽量保持统一。需要注意的是，当统一字体时，如果课件内容很多，无须逐页修改字体，可以使用替换字体功能。先用“Command+F”（Windows 系统则为“Ctrl+F”）快捷键调出“查找替换”选项卡，然后选择“替换字体”，设置被替换的字体和替换后的字体，可以更快使字体统一。（见图 2-34）

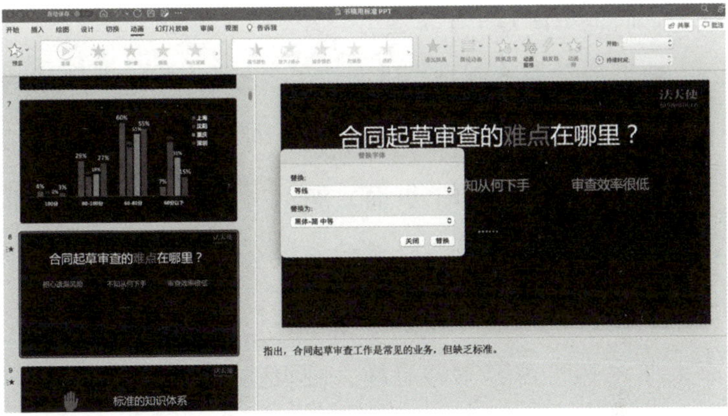

图 2-34　批量查找替换字体

第三，恰当使用“视图”菜单下的“幻灯片母版”。比如，把机构的 logo 放在母版右上角，这样做的好处一是不必每页都复制、粘贴 logo，二是各页的 logo 位置是绝对统一的。

本书并非 PPT 教程，不展开太多操作细节，但做好以上几点，就足以让 PPT 满足日常课程的需要了。

6.3　巧妙使用过渡页使演讲与 PPT 的配合更合理

无论讲课还是演讲，都常使用 PPT，一个常见的不当做法是讲者过于依赖 PPT，把演讲或讲课变成了被 PPT 牵着走，甚至念 PPT 的情况。合理的节奏是讲者口头表达的内容与 PPT 的翻页有节奏地配合，让受众的注意力在讲者身上，而不是在 PPT 上。

典型的负面案例是，讲者按了遥控笔按钮，PPT 切到下一页，讲者看了一眼 PPT 然后说，“哦，这页说的是……”

其实每当切换 PPT 页面，展示一个新内容时，你都获得了一次与听众重新联系的新机会。你要做的是抓住这个机会，牢牢粘住甚至强化受众与你的关系。如果你原来那页 PPT 内容不够有趣，翻页就更重要了，它是你重启受众兴趣的好机会。

“然而老旦终于出台了。老旦本来是我所最怕的东西，尤其是怕他坐下了唱。这时候，看见大家也都很扫兴，才知道他们的意见是和我一致的。那老旦当初还只是踱来踱去地唱，后来竟在中间的一把交椅上坐下了。我很担心；双喜他们却破口喃喃地骂。我忍耐地等着，许多工夫，只见那老旦将手一抬，我以为就要站起来了，不料他却又慢慢地放下在原地方，仍旧唱。全船里几个人不住地吁气，其余的也打起哈欠来。”

鲁迅在小说《社戏》里的这段描写十分生动。听众有时就像看社戏的孩子，你在一页枯燥的 PPT 前讲了很久，忽然一抬手，受众以为你要翻页了，结果你手又放了下来。

要避免上述不当做法要求讲者对 PPT 足够熟悉。PPT 提供的演讲者视图是为了解决这个问题，但很多场合并不适合使用演讲者视图。此时的解决办法是专门设置一些过渡页。过渡页的意思是，当前面一个话题讲完，希望引出下一个话题的时候，按遥控笔出现的是对下面要讨论话题的一句话提示。比如，在 3 小时公开课中，讲完了宏观—交易结构，接下来该讲中观—合同形式了，可以单独设置一页 PPT，内容只是一句话："前面讨论的是宏观部分，那中观部分讨论什么呢？"这会提醒你，再下一页就是中观—合同形式了，接下来出来的将会是一个"故事"，也就是准备好要讨论的案例。思维会更快速切换到关于案例的部分，口头上表达则可能是"让我们先看一个案例"，此时按遥控笔，案例的内容出现在 PPT 上。

作为对比，上述过程也可能这样：讲完了宏观—交易结构部分，讲者按遥控笔，屏幕出现了一个案例，此时讲者说："哦，接下来我们讲中观—合同形式部分，让我们先来看一个案例。"内容似乎跟前面差不多，差别在于，讲者从"主动"引领内容变成了"被动"地跟着 PPT 的内容走。

讲师逻辑的流畅性都是品质好坏的关键指标，流畅性也属于节奏问题。好的讲师一般脑子里有张清晰全面的地图，内容宛如一弯溪水潺潺而出，受众会有很好的体验。讲课的成熟程度可以有一个标准，就是观察讲者是在引领内容，PPT 辅助讲者，还是讲者在被 PPT 引领，下次看别人讲课或自己讲课，不妨从这个角度观察一下。

6.4　练习：重新优化你的课件

打开你的课件，从对齐、单页字数多少、图片质量、字号和字体是否统一等角度作一遍检查，看是否能优化现有 PPT 的内容。

7 如何精彩结尾：适当升华传递主义

回想你看过一场精彩的电影的感受，离场之后，你跟朋友还在谈论电影的情节，甚至愿意打开电脑，写一篇自己的观影感受，发表到网上与他人交流。一场好课也是如此，好的结尾把听者的感受升华，受众并不着急马上离去，而是愿意走上讲台跟讲师寒暄道谢。假如你讲完课后，所有人恨不得第一时间离开现场，跑出去吃饭，多半不是一场精彩的讲座。

如何结尾，是个值得探讨的问题。

7.1 好的课程结尾升华传递主义

一次讲授型的课程，可以分为3个层次，一是传递知识，二是启发思维，最高层次是传递一种主义。乔布斯在斯坦福毕业典礼上讲了3个故事，最后留给我们的是什么？不是怎么设计产品，不是如何避免被赶出董事会，也不是如何战胜癌症，而是那句被广泛传“Stay foolish,stay hungry”，它是一个主义，是一个不断求知的精神。

如果可能，请尝试在讲座的背后提炼、升华一种主义。有演讲理论说，要在演讲中留下一些“金句”。这个说法有一定的道理。只是考虑到相当多人已经意识到这一点，在这里我要本着“过犹不及”的原则谈谈我的看法。

我的观点就是注意要做到恰如其分，与主题相关。金句必须发自内心，如果不是，则宁愿不要金句。尤其不能为了金句而强说金句，也要避免滥用金句。在前几年的科技峰会上，最常见的结尾金句就是“未来已来”，要么就是“一切过往，皆为序章”。这话好不好？漂亮不漂亮？挺好，也挺漂亮，但是说多了就显得“俗滥”。

我在不同地方的 3 小时合同公开课上，通常用 3 句话连在一起作为结尾。第一句是，律师是以专业表达为生的职业；第二句是，律师最大的魅力是专业；第三句是，所谓专业，就是日复一日。

第一句话想表达的是，律师职业的核心特点就是专业表达。很多人把医生和律师相提并论，认为这是两个相似的职业。的确有相似之处，但更有不同。区别在于，医生除了需要依靠自己的专业知识外，治疗病人还需要药物、试剂、医疗器械以及手术室等，现代医学单凭医生赤手空拳很多疾病无法医治。律师不同，律师几乎就是赤手空拳，或者多数时候充其量只需要有一台电脑就可以为客户创造价值。那律师究竟在凭什么创造价值呢？最显著的特点就是专业表达。

专业表达包括口头表达和书面表达，而书面表达最常见的形式之一就是合同。从这个意义上说，学习好合同起草审查就是律师的立身之本。

第二句话想表达的是，如果你认同律师的核心特点是专业表达，那么就要意识到律师最大的魅力就是专业。当事人信任律师，不是因为律师的权力或金钱，而是因为律师的专业能力。同样地，律师佩服其他律师，也往往是因为那位律师在某个领域真正专业。

第三句话是答案，如何才能做到专业呢？并没有别的办法，只有日复一日地学习，就像刚刚过去的 3 小时一样。这句话是赞赏刚才课程中大家的全程认真，也希望大家能够保持学习精神，如果想要学习合同起草审查，则可以更多关注“法天使”，更多参与“法天使”的课程。

7.2 好的结尾不要超时

如果原定时间是上午 9 时到 12 时，那么 12 时就应该准时结束。有时候讲课很成功，受众很投入，讲师为表热情就继续讲课，时间延长半小时甚至 1 小时。这看似出于善意，但并不合适。

从生理上看，到了中午大家想要吃饭；从现实安排上来看，有人可能后续有别的安排；从效果上看，在精彩处戛然而止，才是效果最好的做法。

不超时不只是一种态度，还是一种能力。如果你不能在预定时间内完成内容，本身是控制力不足的表现。韩寒后来成为电影导演，谈到有的电影导演为了艺术上的追求，时常把拍摄周期一拖再拖。韩寒认为这是非常不专业的表现。我虽然并不太欣赏韩寒的电影，但很赞同韩寒的这个观点。一场好课也像一场聚会，到时间了就在兴头上散场是最好的做法。

结尾的技巧与中场休息有相通之处，那就是不要拖沓，不要提前让受众感知到即将结尾，而是在最后的升华，干脆利索地结束。

7.3 如何实现转化：最大的公益就是商业

本书设定的讲课场景，区别于在校老师给学生讲课，而是社会上具有专业性质的讲课，实现销售和转化是一个目标。

阅读公众号文章会有这样的感受，很好的一篇文章，最后笔锋一转出现一个广告信息，读者瞬间有种被“欺骗”

的感觉，原来前面写那么多字，只是为了卖东西。“骗子”，读者恨不得在内心这样骂娘。

可这是一个商业社会，卖东西有什么不好吗？问题的根本在于，受众不反感卖东西，反感的是欺骗，反感的是以讲干货之名行卖东西之实。如何处理好卖东西与讲干货的关系，是商业类讲课的重要事项，值得好好讨论。

我的建议是，在讲课的一开始就明确目的，向受众明确表示，今天讲课的目的之一是介绍自己的产品或课程。同时也要确保讲课中有干货，让受众听课的时间不被浪费。换言之，最好的广告其实就是把课讲得有干货。

法天使 3 小时的公开课，是 2 天 1 夜的线下合同实训营和法天使律师助手的广告，但 3 小时的公开课本身也很值得一听。复习一下本书前文提到的讲课的第一原则“正心诚意，无我利他”。请注意，这样的第一原则跟商业上的转化并不冲突，相反，在底层是高度统一的。只有让你的内容、工具或产品对用户有用，你才能实现商业回报。

我请法天使小伙伴不要用“公益讲座”的名义介绍 3 小时公开课，原因是作为一家商业机构，即使课程免费，它在根本上也是以营利为目的的，扩大了机构的影响力，本身也是一种商业回报。同时我也认为，最好的商业模式在一定程度上又一定是公益的。这里的公益是创造真正的用户价值的意思。

如果你认同上述这一切，我们再来谈一些商业转化的技巧。在 3 小时公开课中有如下转化设计。

第一，在一开场就讲明白，今天分享合同起草审查的知识和工具。

大部分讲座的内容都是单纯讲知识，较少涉及工具，工具自带商业的性质。因此要在开场的时候向大家如实交代。我通常会说，接下来我要分享的既包括合同起草审查的知识，也会谈到合同起草审查的工具。我要讲的内容，对大家可能不全是新的东西，很希望大家能以开放心态参与。如果你凑巧了解，我们欢迎互相印证；如果你没听过，希望能有所启发。

第二，如果方便，建好现场讲座的群，便于更好地了解课程和工具。

讲座一开始或中场休息时，现场通过面对面建群或其他的方式建群，邀请大家进群，讲课过程中，把内容较多的 PPT 页面以图片的方式分享到群里，便于大家保存或分享，这种方式比拍照质量好。活动结束后，如果有人希望进一步了解付费课程或工具，可方便地联络到工作人员。

第三，课程与工具结合，共同指向本次讲座希望分享的问题。

在 3 小时公开课上，会花一定篇幅介绍法天使律师助手工具，使用这个工具的确可以更便捷、高品质地起草合同，本身是在解决合同起草的问题，换言之，如果拿出一段时间卖其他无关产品如灭火器，那一定会让大家觉得莫名其妙。

有的讲师在各种场合会说："哈哈，接下来我讲一段广告……"这个说法是直白坦然的，好过"欺骗"式广告，但仍然不是最佳方式，并不推荐。因为这会使受众认为接下来的信息有点像 NBA 比赛中场休息的广告时间，大家想到的是换台，或者看看手机，回回消息。确保你要卖的东西是真正与主题相关且有价值的，以坦诚的方式介绍它，这是合适的方法。

总之，受众讨厌的不是卖东西，而是被欺骗的感觉。坦诚交付有价值的内容，有商业转化并不是错误。

7.4　实操细节：二维码的使用

在 3 小时公开课中，会使用 3 次二维码。第一次是开场时的 PPT 封面，放的是"法天使"工作人员的微信，目的是邀请大家进群，分享课件。第二次是一次律师合同水平的现场调查，操作过程是让每位受众扫描二维码，关注公众号回复关键词进入问卷，问卷只有一道题，主观评估自己的合同水平，刷新后，马上获得现场所有人的投票结果，目的是有现场感，有说服力。关注公众号后，公众号左下角的菜单就是法天使合同库的入口，便于受众了解法天使合同库的分类法。第三次也是最后一次，在 PPT 最后一页放上讲师的个人二维码。如果想与讲师有更多交流，则可以加个人二维码。这些安排都有“转化”的效果，但每个部分都要给受众创造价值，给予充分的理由，而不是随随便便“麻烦”大家扫描这些二维码。

7.5　线上讲课与线下讲课的区别

从自我介绍、开场、结构、内容形式等方面，线上讲课与线下的方法是相通的。区别有二：一是讲师不像线下讲课那样能直接看到受众的眼睛，对现场的控制力弱；二是线上受众的离场成本更低，对讲师的要求更高。简单说就是，触达受众更难，受众离开更容易。两个因素相加，导致线下讲课好的人，线上可能会遇到新的困难。

我自己经历了非常有趣的线下转线上的过程，也能体会到人的路径依赖。由于 2019 年讲了很多线下课，已经确立了线下讲课的内在自信。当 2020 年新冠肺炎疫情袭来，需要在线上讲课的时候，我的内心是有一丝路径依赖的。

我觉得我在线下积累的对现场的控制力好像作废了，线上隔着屏幕，一个人对着屏幕讲课，看不到受众的眼神，像对着电脑说话的“傻瓜”。

如果线上讲课节奏拖沓，受众离开的成本低到只需要点一个关闭按钮，如果是微信视频号的直播，受众只需要轻轻一划，就去了另外的直播间。线下讲课受众的忍耐度要高很多，原因是“来都来了”，就算讲得不好，也勉强再听一会儿。我意识到，疫情之下线上讲课是趋势，也将是常态。线上讲课的好处也是很明显的，它可以跨越地域，以更低的成本触达更多人。互联网在其中起到的是放大效应。坏的，会被抛弃；真正好的，会“爆”。在互联网产品策略中，有著名的“爆品策略”，其底层逻辑就是互联网的这种效应。

归根结底，线上要求你更加用心地打磨课程，让它成为更高度的精品。2020 年《民法典》颁布，我结合《民法典》重新研发新的课程，名字叫“合同 7 讲”，后来合作伙伴与法天使自己的小鹅通的合计播放量超过 20 万次，上传到 B 站后，也广受欢迎。有律所主任跟我说，每次在跑步机上跑步就打开其中一讲，很多讲都听了好几遍。

经历了线下到线上的转型，我积累了一些小技巧，比如，面对面眼神互动是不可能了，那就用是非题或选择题互动。举例：前面那个教育机构向外部合作老师发布通知要求解除合同，你觉得合同有没有被解除呢，认为已经解除的，请在评论区输入数字“1”；认为没有解除的，请在评论区输入数字“2”，屏幕对面的受众会很便捷地输入数字。有的直播平台会有 15 秒左右的延时，不要在问完问题后发现没人回复就慌忙说答案，而是可以重复性说一下选项，等候 15 秒就会纷纷有回复。重点是必须给大家设定好封闭的是否判断或 AB 选择，别提开放性问题，或者需要受众打字长篇回复的问题，那样的互动门槛太高，难以实现。一次 1 小时的线上讲座，要准备 4 次以上的类似互动，每 15 分钟有这么一次，让受众获得参与的机会，效果会极大提升。

7.6 练习：给自己的 PPT 设置转化的理由

整体浏览一下自己的 PPT，哪些部分适合放二维码或其他转化方式。考察一下，每一处是否给了受众足够的理由，是否给受众创造了价值，避免单纯地“麻烦”受众扫描一下。

8 几点补充

前面 7 个要点是沿着一堂课的时间顺序讨论，在这部分补充讨论几个重要问题。

8.1 讲 N 个课不如把一个课讲 N 遍

给你两个选项，在未来一年内：选项一，把同一个课程重复讲 20 遍；选项二，讲多个不同的课程，每个课程讲一两遍。你会如何选择呢？

我看到过一些讲师，声称“什么都能讲”，的确，他有几十个甚至上百个不同主题的课件，也许优秀和足够有经验的人的确在各方面都有见解。但请相信，在有限时间内，在训练自己成为优秀讲师的阶段，最重要的事情就是聚焦。永远不要担心“总讲这个，别人会不会觉得我只会讲这个”，如果真的能让更多人认为你“只会讲这个”，那肯定是件好事情。

在日益细分的各个领域，竞争日趋激烈的当下，普通人想要取得成绩，最有效的路就是把精力倾注在一个足够小的领域，想尽一切办法成为这个领域真正的专家，为自己树立一个别人轻易学习不了的目标。具体要缩小到多小的领域呢？以你能建立压倒性优势，目之所及不能找到比你更优秀的人为止。如果当前聚焦的范围做不到，那就继续缩小目标，直到可以做到为止。

华为的任正非将上面的策略称为压强原则，集中所有的炮火攻击一个目标。以法律服务市场为例，合同是法律服务的组成部分，但合同也可区分为合同管理，合同争议解决，合同签署与合同起草审查。法天使专注于合同，但并没有能力完成合同整个生命周期的全部事情，因此缩小范围，聚焦到合同起草审查。今天，中国近 60 万名律师中，大约有 1/4 是直接注册用户，建立了较大的优势。如果在这个范围内不能建立优势，那就会选择继续缩小范围，比如，缩小到只在某个行业或某个类型的合同，直到在那个领域能建立优势。

中国有个巨大优势，就是市场广阔，任何一个看似细小的领域都充满巨大的机会。如果不是用脚丈量，我自己之前都没有那么直观地意识到中国之大。2019 年的 122 场讲座，我几乎走遍了各个省、主要市，那种用脚丈量的体感，给我印象深刻（见图 2–35 和图 2–36）。十几亿人口大国具有的优势，是很多小国家无法比拟的。坚定地聚焦，坚定地把一个小领域做到极致，不只是一种精神，而是这个时代普通人想要寻求突破发展的核心策略。

图 2–35　常金光到全国各地讲 3 小时合同课

图 2–36　常金光到全国各地讲 2 天 1 夜合同实训营

本书所讲的方法，都是在聚焦于特定主题之下，才能持续深挖、优化，达到他人做不到的程度。相反，如果把精力分散到十几个课程上，客观上你不可能每门都投入足够多的精力，每个课程也只能做到平常。如果阅读了本书，建议你考虑自己未来三五年，假如只能在一个课程上真正成为公认的专家，那个课程是什么？然后深入打磨这个课程，面对受众正式讲 20 次以上，才有可能找到感觉，控制好自己的节奏。

8.2 一通百通，如何演讲

前文花了不少篇幅谈讲课。演讲跟讲课有所不同，也有很多相通之处。相通在于都是口头表达，不同在于讲课以传递知识为主，通常时间较长。

讲课与演讲相通之处

1. 讲故事

如果一个常见的论坛演讲时间为 20 分钟，则建议花一半时间用于为本次演讲准备一个好故事。什么是好故事？整个演讲想要表达的思想的载体就是这个故事。在观众离场的时候能想起来的，能向他人复述的就是好故事。

当讲故事的时候，可以不明确说要讲个故事，直接进入故事就可以了。不一定要说“接下来我要给大家讲个故事……”，而是直接进入那个故事。

2. 逻辑方法

一次讲课就是多个逻辑单元的嵌套和循环。一次相对短的演讲，也是一个或多个逻辑单元。构建逻辑的方法与讲课是相同的。

3. 极简化的 PPT 风格

相对而言，演讲用的 PPT 比讲课用的 PPT 更简练，可以只是关键词提示，或者图片。自己了解每个关键词背后的信息和逻辑，沿着这些关键词或图片逐次展开。

2021 年 12 月 17 日，第 4 届中国合同大会在深圳召开，我需要在每年的合同大会上作一次关于法天使新产品的演讲。在这次演讲中，法天使推出了新的会员功能“合同生成器”。合同生成器的重要特征是，提供中国常见的合同类型升级的二代模板。二代模板相较于一代模板的区别是，设置了填空项、条款组等功能，用户可以根据这些引导，更加方便、自助地起草各类合同。

这是一项不小的工程，需要投入一定的时间，但法天使将在 2022 年逐步完成各类常见合同模板的升级。彼时，西班牙巴塞罗那知名建筑圣家族教堂刚刚竣工，不少人的手机被教堂封顶的新闻和小视频刷屏。在这个环节，我讲了一个类比的故事。这个故事我在前文有提及，现在进一步配合 PPT 和逐字稿进一步阐述。

此中逻辑是，法天使想要升级的合同库是个大工程，圣家族教堂也是个大工程，它的设计师高迪知道在有生之年不能完成教堂的建造，但还是倾注毕生精力去建造它，人们问他何以如此，他说出那句名言“我的客户（上帝）不着急”。相较而言，中国合同库的建设虽然工程也不小，但不至于像圣家族教堂那样一生都完不成。这个类比，让受众进一步了解法天使的使命和对合同库建设的态度，我们将像高迪建造圣家族教堂那样，全力推动中国合同库的建设。

演讲的逐字稿我放在下面，配合的 PPT 页面也放在下面。

你可能会想，如此大而细致的工程，岂不是要搞到猴年马月？

这让我想起这张图片（见图 2–37）——有朋友知道这是哪儿吗？亲眼看过它的朋友一定会印象深刻。没错，这就是西班牙巴塞罗那的圣家族大教堂，这是它的里面。

图 2–37　常金光在 2021 年中国合同大会演讲 PPT 示例（1）

这是它的外面，我亲手拍的，几年前，还没有新冠肺炎疫情。大家注意到没有，当时外面还架着施工的脚手架（图 2–38）。

图 2–38　常金光在 2021 年中国合同大会演讲 PPT 示例（2）

这个教堂的一个独特之处在于修了 100 多年，一直在修。就在前几天，经历了 139 年，终于，它封顶了（图 2-39）。

图 2-39　常金光在 2021 年中国合同大会演讲 PPT 示例（3）

这个教堂最主要的设计师是高迪，到他去世时教堂也没修完。人们问他，你一辈子都修不完，可怎么办？他回答了这样一句话：上帝不着急（图 2-40）。所有到过这个教堂里面、被它震撼过的朋友，大概都能理解这句话。

好在，我们的合同生成器面对的工程量没这么大。老何在法天使内部讲过一个笑话，他说，假如他意外离世，需要告诉女儿一个他一生发现的最大的秘密，他会告诉女儿：合同的类型是有限的。我觉得这个非常有画面感。老何躺在床上，命将不久，对女儿说的最重要的话居然是这个。

图 2-40　常金光在 2021 年中国合同大会演讲现场

接下来，法天使计划在 2022 年上半年，完成全部合同模板的升级，所有模板将不再只是模板，而是可以通过点选来快速生成合同的工具，成为合同生成器的一部分；同时完成所有合同类型的审查点。

讲课与演讲的不同之处

1. 演讲尽量写逐字稿，讲课未必

演讲要在更短的时间内呈现观点，送达信息，对讲者时间的控制要求也更高。以平均语速每分钟 200 字计算，20 分钟的演讲，大约 4000 字即可。逐字稿的好处和必要性在很多演讲类课程中都有强调，它能够使你的演讲更准确、更简洁，在一定程度上可以克服经验不足的失控和紧张。

逐字稿的主要意义不在于背稿子和完全按照稿子的内容演讲。逐字稿的意义是为演讲做准备，清晰地把思路和逻辑呈现出来，更好地推敲内容。在逐字稿完成后，应该出声地演讲练习，根据我的经验，演讲练习应该在 5 次以上，以至于脱稿后可以完整准确地呈现内容，达到让受众根本不知道你有稿子的程度。

2. 演讲的内容应该更简洁，聚焦一个主题、一件事

在短短 20 分钟内，是难以呈现大量的知识的，这是与讲课比较大的区别。演讲准备时，应该可以用一句话概括演讲的观点，所有的演讲内容都是围绕这个观点展开。如果不能凝聚成一件事，就把别的都砍掉，然后围绕核心适当重复，层层推进，直到在受众脑袋里打下烙印。

2021 年 9 月 25 日，在一个行业活动上，我需要面向 300 位关心法律科技的朋友作一次 25 分钟的演讲。我的核心观点是法律服务需要标准。围绕这个观点我重点讲的是“贝壳”的故事。“贝壳”与链家都由左晖创办，事实上改变了房屋中介行业的服务标准。在这个演讲中，要讲清楚房产中介建立标准的必要性，“贝壳”是如何建立标准的，标准的意义是什么，最后落脚到法天使—中国合同库在做的事情，也是要在法律服务行业中建立标准。这次演讲结

束后，大部分在场的法律人深刻认同了标准在法律服务行业的意义以及法天使—中国合同库在做的事，是一次效果不错的演讲。

8.3　如何在演讲过程中给自己做好广告

所有的演讲最终都是为了与受众建立连接，也可理解为是在做广告。即使不是为自己的公司或产品做广告，也是在为自己做广告，扩展自己的影响力，对受众产生影响。在行业论坛上，时间就是金钱。可能直观地体现为讲者支付的赞助费，也或者是其他资源。讲者由于个人的影响力，被论坛举办者邀请演讲，不支付费用甚至还有出场费，也不意味着对应的演讲时间没有成本，论坛举办者场地、组织等，都是支付的成本。

容易犯的错误是，讲者觉得自己付了赞助费，获得了推广自己产品的“正当性”或者“合法性”，如果短短的 20 分钟，不充分地讲自己的产品，反而对不起自己支付的赞助费。实际上这样做很可能是不恰当的。一般来说，每个论坛都有主题，受众之所以来参加论坛，是因为关心论坛主题，如果赞助商上来不顾主题而大讲自己的产品，会让受众在心理上产生抗拒。

正确的做法是围绕论坛的主题跟自己做的产品或事情

恰当地关联起来，在论坛主题下给受众提供信息增量，并把自己或自己产品的功能融入其中。核心是优先考虑给受众启发，而不是强硬推广自己的产品。2021 年 6 月 6 日中国合同标准大会上，主办方是法天使—中国合同库，主题是发布《合同起草审查指南》团体标准立项的消息。汉坤律师事务所联席 CEO 李晓鸣律师作演讲，作为受邀嘉宾，结合对标准的理解谈自己的观点，李律师的演讲堪称典范。

在这次演讲上，李律师带了一本厚厚的文件上台，告诉大家这是美国银行领域的借款合同标准文本，接着他讲述了美国此类合同标准的诞生过程和产生的效果，李律师在其中参与的过程和感受，由此谈到中国标准建设的世界眼光。演讲非常有高度，又因为有实物而具象化。更重要的是，受众能感觉到汉坤在特定领域标准合同的专业，也能看到李律师的国际视野。李律师紧紧围绕论坛的主题分享自己的观点，同时也是对汉坤非常好的品牌推广。这与我在第一章原则部分强调的一致，从李律师的角度来看，也许初衷纯粹是向受众分享自己对标准的理解，并不把广告作为目的，却恰恰产生了最好的效果。优秀的演讲，二者是合二为一的，过于着急给自己做广告的演讲，则适得其反。

8.4 练习：梳理你可讲的课程，考虑如何聚焦

梳理下你当前可讲的课程，展望一下你未来 3~5 年准备深入研究的领域，设置一个能够面向未来的主题，尝试每次都围绕这个主题讲课，舍掉那些与你未来方向不相关的主题。围绕该主题设计课件，争取未来能重复讲 20 次以上，并坚持每次复盘。

小结：好课 7 问

结合第一章的内容，把本章内容总结一份“好课 7 问”的核查清单。可参考下面的清单，逐项核查自己要讲的课，看看哪些地方可以优化和完善。

好课 7 问	核查清单
受众	受众是谁？受众想学到什么？课程的主题是什么？主题足够简练明确吗？课程结束时，受众能带走什么？评价受众收获的核心数据指标是什么？
讲者	你是谁？标签是什么？标签与讲课主题有关系吗？讲者具备“正心诚意无我利他”的心态吗？
开场	如何开场？逻辑是什么？吸引人吗？ 5 分钟内进入正题了吗？
结构	课程的结构怎样？有参考“挖坑→填土→平坑→踩一踩”的结构方法吗？逻辑单元之间能层层关联吗？
故事	是否有精彩的故事？故事与主题之间有张力吗？讲述的语言干净吗？逻辑清晰吗？有画面吗？讲述的节奏适度松弛吗？互动了吗？恰当提问了吗？有练习吗？受众有参与感吗？
课件	封面合适吗？简洁吗？字够大吗？对齐了吗？有图吗？有视频吗？
结尾	准时结尾了吗？价值有适当提升吗？有后续与受众链接的方式吗？

第三章

实例拆解示范

为了体现本书前两章所讲述的方法，本章提供一个讲课实例。实例由 4 部分要素组成，希望全方位展示一堂课的细节。内容如表 3–1 所示。

表 3–1 《合同起草审查指南：三观四步法》3 小时公开课

思维导图	展示整堂课的逻辑结构
逐字稿全文	一堂课的全文
对逐字稿的注释	提示各部分注意事项
讲课课件	课件与逐字稿配合关系
讲课视频	法天使视频号发布讲课视频

本章提供的实例是我经常讲授的 3 小时合同公开课（以下简称 3 小时合同课），受众通常是律师，组织方是各地律师协会，场地是各地律协培训大厅或当地酒店。讲座的目的是分享合同起草审查的方法——“三观四步法”，希望对受众有用、有启发，希望受众了解法天使—中国合同库的特点，也希望未来受众成为会员或学员。

本章把对逐字稿的批注放到了逐字稿当中，是为了提示对应内容的思维逻辑和操作细节。这些注意事项是本书前文讲述的方法的具体体现。如果你是律师或法务，可以用这套 PPT 和逐字稿来给同行作一次讲座。如果你不是法律人，不妨重点看对这份逐字稿的说明部分，从而把握课程的逻辑。

我在不同场合讲课的内容并不完全相同。我可以结合受众需求，以《合同起草审查指南：三观四步法》《合同起草审查指南：公司卷》两本书中任意一个知识点，组织成一堂实务课，但每堂课的架构思路是相通的，本实例选用了最常讲的对“三观四步法”整体介绍这个场景。即使整体介绍“三观四步法”，我也经常变换案例和细节，因此它并不是僵化的，主要是展示思路（见图 3-1）。

为更加直观展示，近期我录制了《合同七讲》第 3 季视频，其中的数十个片段上传到了“法天使”视频号可供免费查看。虽然录制讲课方式与线下面对真实观众讲课的场景有些不同，但也能体现知识点的讲授逻辑。另请了解，法天使公众号或视频号提供的资料只是本书附加资料，不构成本书的正式内容，如果未来因任何原因视频撤销或不再提供，不影响本书文字的完整，各方不承担相关责任。

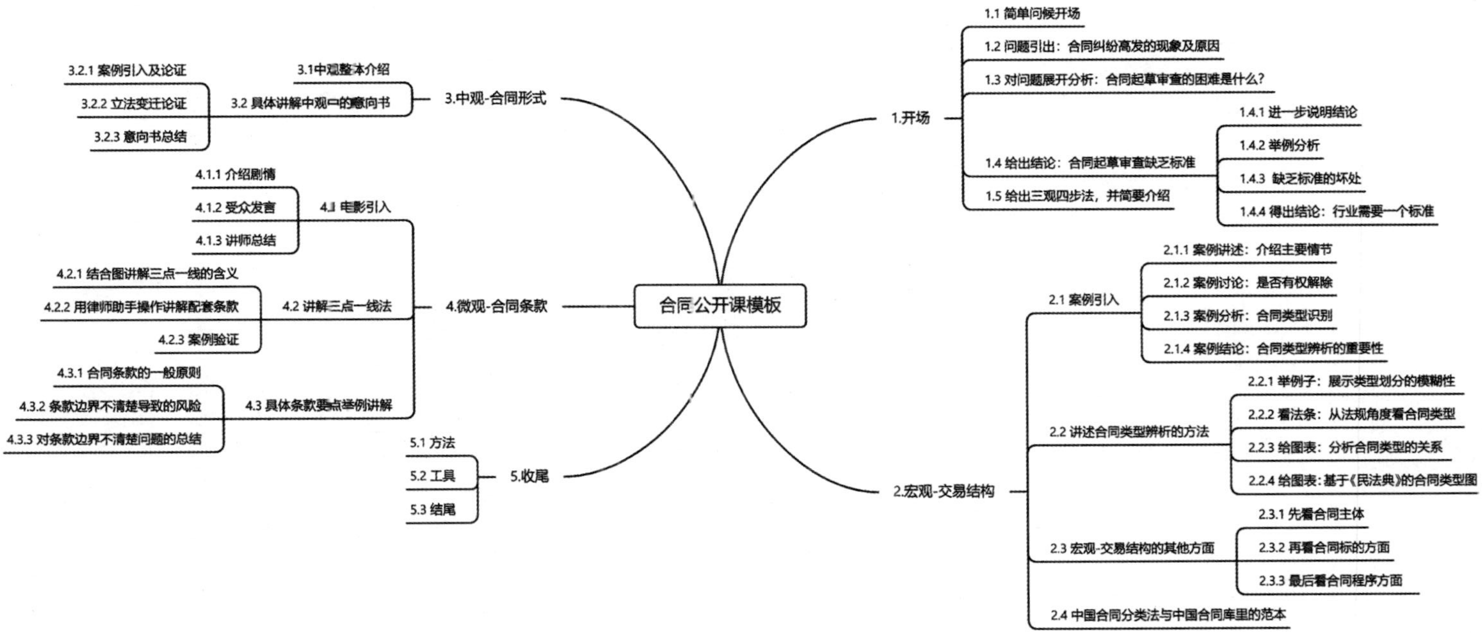

图 3-1　3 小时合同课思维导图

1 开场

1. 开场适当简化，避免过多寒暄，让受众失去注意力。开场部分要包含有价值的信息，为受众了解整个课程体系做好铺垫。

2. 开场的目标，明确出一个问题：合同起草审查的问题是什么？是缺乏标准。“三观四步法”正是这样一个标准，关于一般合同起草审查的体系化的知识和方法。

3. 整体介绍“三观四步法”，但不用太深入细节，细节在后面的具体内容呈现。

4. 讲课可以设置抽奖但非必须，如果是送书，1~2 本足够，不宜太多。太多会打乱讲课的节奏，且受众参与课程的第一动机应该是求知欲和好奇心，不应该是为了得奖品。

5. 关于开场的合同水平测试，建议现场超过 100 人的保留此环节，如果现场人数不多，会使得该调查缺乏统计意义，就不宜做这个现场测试了。该调查的目的是从数据上得出结论，大家觉得合同工作有困难，进而分析出困难的关键是缺乏标准。

图 3-2　3 小时合同课课件展示（1）

1.1　简单问候开场

各位律师朋友，你们好吗？（停顿，等待零星回应）听起来还不够好啊，我再问候一次，大家一起说好，我们就正式开始好吧。各位律师朋友，你们好吗？（较多人一起说“好”）

1. 注意走到讲台中央前，不要仓促打招呼；站稳后，稍稍停留 5 秒钟，用眼光跟现场全体观众打个招呼，把注意力吸引到自己身上，现场基本安静下来后，再开始问候。

2. 如果采用这种方式开场，则注意第一次问可轻声问，语速略慢；第二次问要适当提高声音问，这样受众才能更加自然地配合回应。

3. 注意这里没有“很高兴今天……”“很感谢某某会长的邀请”“很抱歉今天因为什么所以什么”等客套话。仅有的这句话，是为了把现场受众的注意力收拢到台上。如果所有观众已经到齐，都在认认真真地等你说话，连这句问候都可以省略，可以直奔后面的内容。

4. 这里没有自我介绍，因为主持人已经做过讲师介绍。如果没有主持人提前介绍，则可用贴标签的方式做一句话的自我介绍，开门见山。参考：我是法天使的常金光，这几年经常穿着牛仔裤到各地讲合同课，大家给了个外号叫“穿牛仔裤的律师”，这几年主要工作就是研究合同，接下来用 3 小时跟大家分享：新技术不断变革的时代，合同起草审查实务。

1.2　问题引出：合同纠纷高发的现象及原因

请教大家一个问题：有没有朋友知道，全国每年民事案件中合同纠纷占的比例是多少？大家猜猜看。（停顿，给受众考虑的时间）法院受理的案件中，有刑事案件，有行政案件，有民事案件。我请问大家的是，在民事案件中，合同类纠纷的占比。（适当停顿）

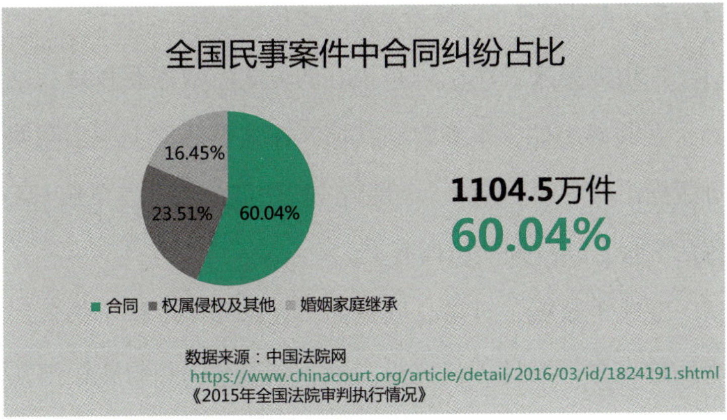

图 3-3　3 小时合同课课件展示（2）

我听到有朋友说 30%、40%？总之感觉合同类纠纷应该挺多是吧。来看一组数据，这个是最高人民法院 2016 年发布的 2015 年的统计数据。（此时课件上动态出现统计饼图）这个图显示，在那一年全国各地法院共受理了 1104.5 万件民事案件，其中合同类纠纷占比为 60.04%，也就是超过一半的民事案件其实都是合同纠纷。我查了 2015 年至今的情况，各年的情况差不多，除了每年案件总量递增之外，每年法院受理的案件中，刑事案件一般不到 10%，行政案件 2% 左右。所有案件中民商事案件占 90% 左右的绝大多数，而其中合同类纠纷又占一半以上。也就是说，在所有的案件中，差不多一半以上是合同纠纷。这个数据跟另外一个数据遥相呼应，《民法典》一共 1260 条，其中合同编一共 526 条，也差不多占一半的篇幅。这说明对律师来说，值得花更多时间精力学习研究好合同。

1. 用数据来说明问题是很好的方式，数据要权威、准确，有明确出处，不能含糊其词。在这页课件上小字载明了数据出自中国法院网，由最高人民法院研究室发布在《人民法院报》某一期的第四版上。

2. 这个数据是有信息增量的，大部分律师都不知道民事案件在全部案件中的比重，也不知道合同纠纷在民事纠纷中的比重，一般这页 PPT 会被大家拍照。

有时候我会好奇，为什么每年都会有这么多合同纠纷呢？一方面，这未必是坏事，这说明市场活跃经济发达；另一方面则可能因为当事人之间签署的合同质量不行。

这段话是过渡，把合同纠纷多的现象与合同质量差关联起来，与今天讲座的主题关联起来。

大家有没有见过当事人之间签署的质量很差的合同呢？（停顿，很多人会点头或在心里表示见过）我自己就见过挺多，比如这份。

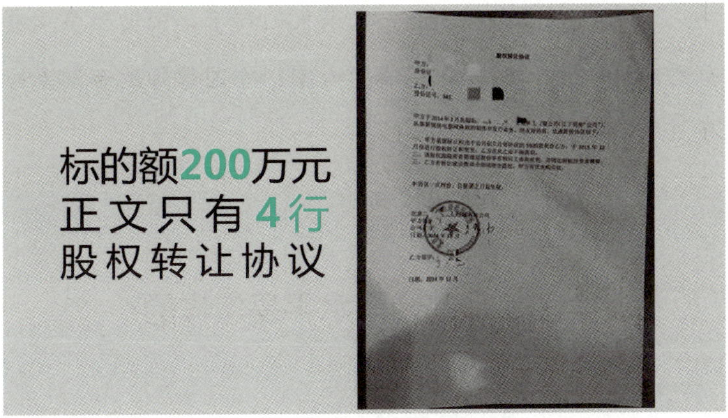

图 3-4 3 小时合同课课件展示（3）

这是一份什么合同呢？这是一份标的额 200 万元，正文却只有寥寥 4 行的《股权转让协议》。当事人是一位编剧，几年前来我办公室咨询。她的老板欣赏她的编剧才华，准备把一部分股权转让给她，签署了这么一份合同。结果过了几年始终没实际把股权转给她，闹了矛盾来找我咨询。最后她问我："常律师，你觉得打官司的话，能赢吗？"这个问题，通常是当事人最关心的问题，是吧？大家觉得这个官司能赢吗？当然还得结合其他证据来看。重点是什么呢？重点是合同写得太过粗陋了，什么时候办理股权转让登记手续等内容根本没写清楚。发生矛盾的时候，可能各方都觉得自己是更厚道的一方，争执不下又约定不明，往往使争议难以通过协商解决，最后会去诉讼。

这对律师行业来说是一个很大的需求，帮助当事人起草更好的合同。那么我想请问大家，全国律师的合同水平是怎样的呢？

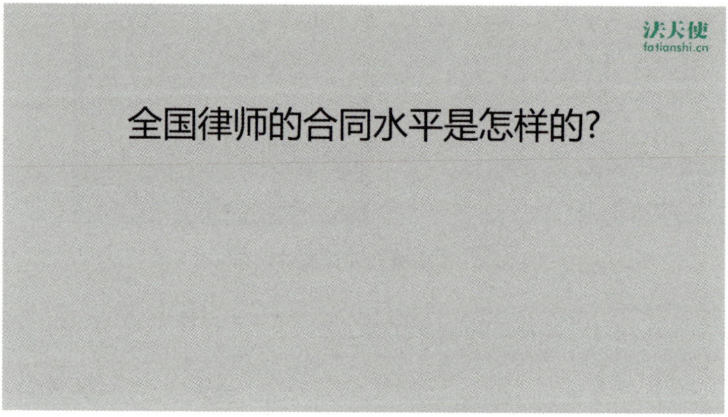

图 3–5　3 小时合同课课件展示（4）

图 3–5 属于过渡页，不是直接出现后面的问卷调查，而是一句话单独占一页。

带着这个问题，我在全国很多个律师协会做过面对面调查，在给出全国的数据之前，我们今天也现场做个调查，看看咱们这里诸位的合同水平，跟全国比高还是低好不好？（停顿）

这里大家会很感兴趣，因为涉及对本地律师水平的评价，每个人都比较在意。

好的，这个调查很简单，大家一起拿出手机参与。

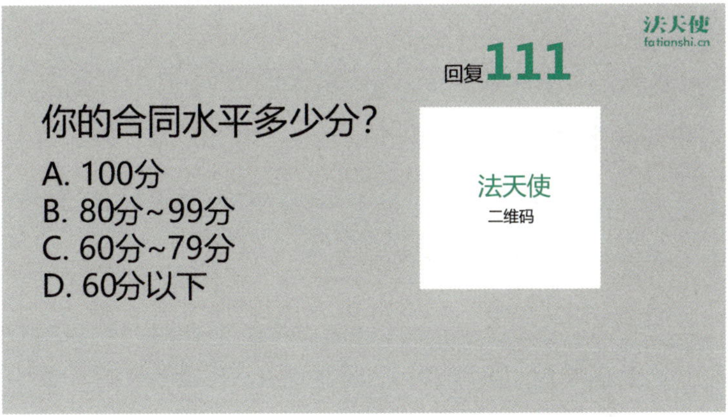

图 3-6　3 小时合同课课件展示（5）

手机都拿出来了吗？扫描这个二维码关注这个公众号，然后在对话框回复三个数字“111”，会弹出一篇文章，只有一个题目：请你给自己的合同水平打分，共有 4 个选项，A 满分 100 分，B 选项 80~99 分，C 选项 60~79 分，D 选项是 60 分以下不及格。

大家怎么打分呢？就把手放到自己的心上，凭借自己的直觉自己给自己感性打分。大家知道这是腾讯公众号的投票功能，我是没办法控制的。凭自己的感觉打分后，点击页面右上角 3 个点，选择刷新，就能实时看到现场诸位打分的情况和统计。

好的，不会操作的朋友，找身边的朋友帮下忙，快速投票。我们用 30 秒时间完成调查。（停顿片刻）

所有的朋友都投完票了吧？好的，那请大家放下手机，我来最后刷新一下页面，看看结果。我来宣读一下，首先，现场打 100 分的一共有（3）位，好的，非常赞。请问是哪（3）位呢？可否起立一下，跟大家认识一下，打个招呼。（大家纷纷笑着转头，好奇是哪几位自己打 100 分，通常并没有人站起来）哈哈，没人站起来哈，我开玩笑，自己知道自己是 100 分就行，不用站起来。

接着看 80~99 分，共（30）位，占比（20%）；再来 60~79 分，这个人数比较多，（50）位，占比也比较大。最后我们看 60 分以下，也就是不及格的朋友，共有（27）位，占比（18%），这 27 位朋友肯定是很谦虚啊，自己认为自己合同水平还不及格。

我不知道大家对这个数据是否意外哈，这是咱们现场真实调查来的。这个调查我在全国很多地方做了很多次，大家猜其他地区的数据如何呢？我们来一起看一下。

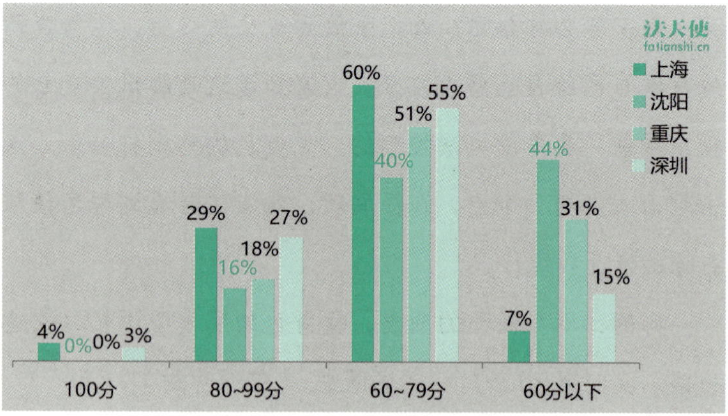

图 3–7　3 小时合同课课件展示（6）

我调查过70多个城市，随机选取了4个。我们来看这个图能发现什么？以中间为界限，左侧是80分以上，明显少于右边，也就是大部分人认为自己的合同水平低于80分。最吃惊的最右侧的数据，低于60分的部分，在有些城市居然高达44%的朋友认为自己的合同水平不及格。有的城市这个比例低一些，但全国各城市整体平均数是多少呢？我的统计显示高达25.4%，也就是超过1/4。刚才我们调查的数据是多少？18%。看起来咱们这里的律师高于全国平均水平，是吧？（现场笑）

这个调查当然是有很多主观因素的，但如果很多次调查，大家都主观地认为自己的合同水平不高，还是能说明一些问题的。在非法律人的公众看来，律师起草审查合同，岂不是就跟厨师炒土豆丝一样是日常工作吗？为什么这么多人却认为自己的水平不及格呢？一个重要的原因恐怕是这件事缺乏标准，就是自己也不确定，觉得自己没那么有把握。这就是问题所在。

合同起草审查最主要的问题或者困难是什么？不妨结合自己近期审查过的合同考虑一下。

抛出问题引发思考，既然来听合同起草审查课，那么自己日常工作中真实的问题和困难是什么。

1.3 对问题展开分析：合同起草审查的困难是什么

这个问题，我问过很多朋友，经常听到的回答是这样的：第一，担心遗漏风险。这是法律人最担心的事。担心我们作为专业人士，起草审查过的合同有自己没注意到的重大风险，结果当事人履行过程中发生争议，发现是我们自己没发现和提示这个风险。对吧？这是最让我们担心的。第二，不知从何下手。有的人有强迫症，上来就改错别字，或者看到文档没页码马上插入页码；有的人先去改违约责任条款，好像这事不知道按照什么流程做才是最合适的。第三，审查效率低。对于比较复杂、标的额较大的合同，可能花费大半个上午也审查不好。

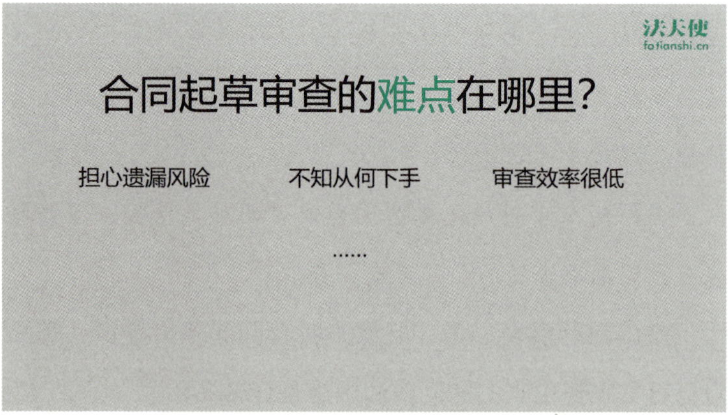

图 3–8　3 小时合同课课件展示（7）

1. 这部分表述的重点是让受众有认同感，感觉到确实如此，在心里微微点头。这部分还可以请现场比较积极的受众随机发言，讲师总结落脚到常见的困难上。

2. 这部分也可以采取简洁方案。简洁方案做法是，删掉关于全国每年的民事案件中合同纠纷比例的提问，也不做问卷调查，而是直接问合同起草审查的困难。两种做法各有好处，保留开头提问题和问卷调查，可使得互动感更强；删除的好处是更快进入具体的知识点。若现场氛围偏冷，人多、受众专注度弱则建议保留；若受众比较热情，人少、专注度高，则可略过这部分，尽早进入细节。从逻辑单元角度来说，提问题和问卷调查是为了营造冲突，合同工作很重要，公众眼里律师应该都擅长起草审查合同，但现场调查显示并非如此，进而提出合同工作的困难到底在哪里这个有意义的问题；反之，不营造这个冲突，直接提问题则可能使得这个问题的价值感不够凸显。

上面这些都是大家经常提到的，那么请问，归根结底最核心的问题是什么呢？

1.4　给出结论：合同起草审查缺乏标准

这几年，每到一处讲合同，我都会问大家这个问题，与很多律师交流之后，得到的一个基本的结论就是，合同起草审查这件事最核心的问题是缺乏标准。

图 3-9 3 小时合同课课件展示（8）

这个结论，受众未必有感觉，需要进一步分析。

进一步说明结论

什么叫缺乏标准呢？缺乏标准最主要的体现，就是同一件事不同人做出来的结果很不一样。

来举个最简单的例子。

举例分析

假如现在有一份用于收购的《股权转让合同》，请现场坐在第一排的第（10）位律师来审查，要求 24 小时以后，提交各自的审查结果，那么请大家猜猜看，这 10 位律师提交的审查结果，是非常一致还是非常不一致呢？

停顿一会儿，等大家反馈。大部分受众都能认识到，结果会很不一致。

没错，很大可能，是提交的结果非常不一致。

不要就此结束，进一步展开非常不一致的表现。

有可能这位律师在这方面经验丰富，了解完基本情况后认为，说要先做一个尽职调查，看看公司情况、负债情况、标的情况，根据实际情况可能考虑资产收购比股权转让更适合，于是选择推翻原来的交易结构，改成资产收购的模式，这样一来就会重新起草一份全新的合同。

这里可以挑选现场某位认识的律师来举例子，但在举相反例子说某某对这个领域不擅长的时候，最好不要具体到现场某人。

而另外一位律师可能对这个领域不是太了解，他觉得这个合同基本的条款都挺齐全，于是大致看完，觉得没太多需要修改，于是他给出的审查意见是3个字：没问题。

在说到3个字的时候，可以稍微停顿，受众心里会猜，哪3个字呢？说出没问题的时候，如果受众节奏跟的好，能会心一笑。赞同这种情形。

这里举两个比较极端的情形，能够说明问题即可，不用过于展开细节，避免说理变复杂，浪费笔墨，也削弱了缺乏标准对比效果。另外，讲课中，如果能用真实的、现场的人举例（只要不是反例），就尽量用真实的人，被提到的人有现场感和参与感。尽量不要小王、小张这样的虚拟称谓。

我们看到，同样的一份合同，不同律师的审查结果非常不同。这就是合同工作缺乏标准的体现。

通过这一番举例说明，进一步落实合同起草审查工作的根本问题，是缺乏标准，相比之前，更有说服力。

缺乏标准的坏处

那我们不禁要问，缺乏标准，是一个很严重的问题吗？

是的，标准非常重要。比如，在实体产品的规模化生产过程中，必须有标准，哪怕我们生产一瓶矿泉水，也有国家标准或行业标准，要求它的各种元素的含量不能超标等。如果没有标准，就没办法进行统一的品质控制。

讲课现场往往手边就有矿泉水，不妨顺手拿出一瓶矿泉水来举例。

同样道理，如果合同起草审查工作，缺乏标准，也就难有品质的保障。奇怪的是，长期以来我们对法律人起草审查合同缺乏标准这件事由于过于习以为常，以至于见惯不怪了。但是，作为一项需要当事人为之付费的专业服务，如果不同的人提供的服务结果差异巨大，总不能说都是好的吧？这不符合逻辑。

得出结论：行业需要一个标准

所以大家看到了，这不仅是一位、两位律师的难题，也是全国律师朋友在起草审查合同工作中的难题：合同起草审查工作缺乏标准。

至此，得出结论，合同起草审查工作的根本问题是缺乏标准，铺垫给出标准的必要性，这也是本次讲座即将分享的“三观四步法”的价值所在。

本课程开场篇幅较长，从整个课程的大逻辑上，这部分并没有讲述具体的合同起草审查知识，而是讲的对合同起草审查这件事的认识。这与一般受众对课程的期待可能不一致，但明确课程的前提也即合同起草审查的根本问题是缺乏标准，又是很必要的，因此要求讲述这部分时节奏紧凑，提供足够信息增量。从整个课程的大逻辑上，开场属于提出问题环节，这个问题就是，如果合同起草审查的根本问题是缺乏标准，那怎么才能有标准，这个标准是怎样的？后面的课程，就是给出答案。

1.5 给出"三观四步法"，并简要介绍

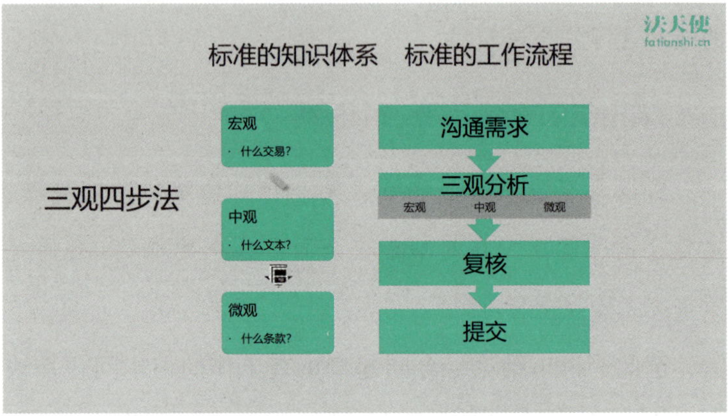

图 3-10　3 小时合同课课件展示（9）

《合同起草审查：三观四步法》，其实就是尝试给出一个标准，让不同的律师有相对统一的方法，有条不紊地完成合同起草审查。

请注意，不建议用"我们法天使为此专门研究推出了'三观四步法'"这样的表述，"我们某某某"这样的表述最好一次都不要出现。这样的说法容易有推销感，引发抵触情绪。假定你是雷军，要发布小米新款手机，一口一个"我们小米手机如何如何"，就很有推销感。如果要说到公司或自己的品牌，可以直接说公司或品牌，去掉"我们"二字。比如，可以说，"法天使推出了'三观四步法'"，而不是"我们法天使推出了'三

观四步法’”。

这段正式提到“三观四步法”，概述了它的价值，解决合同工作缺乏标准的问题。一场讲座是为了解决一个问题，这里花一定篇幅铺垫，让受众理解“缺乏标准”是法律人起草审查合同的主要问题。

什么是“三观四步法”呢？

三观，是标准的知识体系，包括宏观、中观、微观3个层面，是看待合同的3个层面；四步，是标准的工作流程，在接到一个具体的合同起草审查需求的时候，按照这样的步骤完成工作。“三观”“四步”合起来，就是一个标准的、体系化的，关于一般合同起草审查的知识和方法。

此处展示“三观四步”框架图。这里不用过于展开，在课程大纲部分稍微展开，更具体的信息在后面具体的知识点介绍。这里展开太多，受众不容易有感觉。

下面，我们看一下“三观四步法”知识体系，这里是一个课程大纲。

它包括了6个部分：

第一部分理念篇：重新、全面理解合同，包括从法律、法理、经济学等不同层面理解合同，会谈到科斯定理等，理念指导整个合同起草审查工作的各个层面，好像练习武术中的心法。

第二部分宏观交易结构，包括交易结构审查，从合同类型、合同主体、合同标的到合同程序 4 个方面，排查合同风险。判断这是个什么交易，这个交易能不能做，风险大不大。如果交易存在风险，还要考虑是否有变通的方法，创造性设计交易结构，以解决问题。

第三部分是中观：合同的形式。中观承上启下，探讨各类特殊的合同形式和它们的效果，如格式合同、格式条款、阴阳合同等问题。

第四、第五两部分是微观：合同的条款篇和语言篇，这两部分占的篇幅最大。合同都是由具体的条款组成的，各类条款审查的标准是什么呢？比如，合同的标题、主体、鉴于、价款、解除、违约等条款，要明确这些条款的审查尺度。合同的语言篇，我们倡导一种“无印良品”的语言风格，专业的律师写出来的合同，语言也是专业的，这也可以通过练习而获得。

第六部分是流程方法篇，也即“三观四步”中的四步。有了系统的三观知识体系后，按照四步流程，就可以更好地起草审查各类常见的合同。

可以看出来，“三观四步法”是从宏观、中观到微观的一个知识体系。

讲述这部分时，PTT 展示课程大纲。这里依然不用过多展开介绍具体内容，具体的内容在后面讲座里呈现，不然这里提到一些也讲不清楚，反而失去节奏。

图 3-11　3 小时合同课课件展示（10）

这个大纲是法天使的合同实训营的大纲，也是《合同起草审查指南：三观四步法》这本书的目录。这本书印刷了十几次，很受大家欢迎；《民法典》出台后，又根据《民法典》做了更新。

想要把这些内容全部讲完，需要多长时间呢？线上合同实训营，大概是 21 天学习为一期；线下合同实训营，是周末 2 天 1 夜，集中学习需要大概 20 多个小时。今天我们只有 3 小时。所以咱们的目标是，3 小时，整体上了解“三观四步法”。

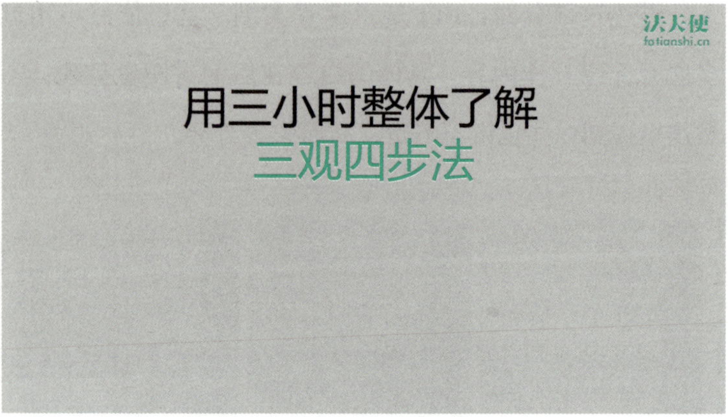

图 3-12　3 小时合同课课件展示（11）

分别从宏观、中观、微观三个层面各提炼出一个问题，重点为大家分享。

在课程中，如果想要讲完“三观四步法”的全部知识时间肯定是不够的，但要尽量避免经常提到“由于时间问题”“限于时间原因”等说法，这会给受众失去感，是负面感受。讲师的任务是哪怕时间再有限，也自行妥当取舍，给出有价值内容，总强调时间有限，没有什么必要。

同时，我也带了两本新版的《合同起草审查指南：三观四步法》，讲课结束时找一些方式送给在场的律师。好不好？

以上整体属于开场环节，尽量控制在 10 分钟，从抛出问题开始，到分析合同起草审查中存在的问题，给出“三观四步法”整体介绍，明确今天讲座的内容。

2　宏观—交易结构

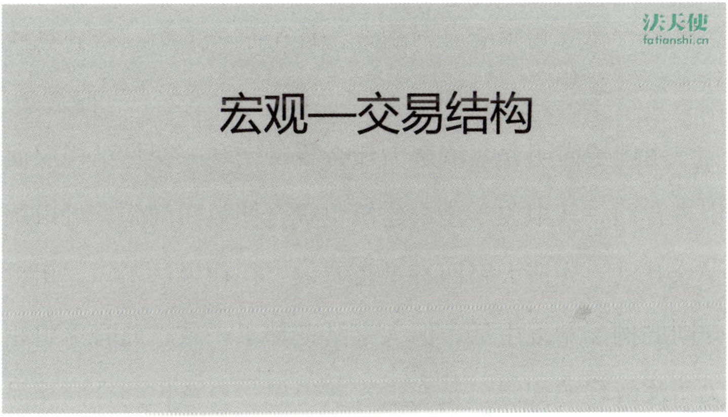

图 3-13　3 小时合同课课件展示（12）

先来看宏观—交易结构。什么是交易结构呢？就是这到底是个什么交易？有没有结构性风险？比如，我跟你约好到地下车库，买卖 20 公斤炸药，或者把我的肾卖给你，这个合同怎么起草？这个交易的标的有问题，导致合同根本上无效，这时应该考虑否定这个交易，而不是具体怎么措辞起草。这个交易的问题是明显的，一说大家就都知道。

我们换个例子，假定有个未经批准或者未按照批准内容建设的临时建筑，当事人之间要签署租赁合同，这个合同是否可以起草呢？可能每个人的观点就不一样了。根据《最高人民法院关于审理城镇房屋租赁合同纠纷案件具体应用法律若干问题的解释》第 3 条的规定，出租人就未经批准或者未按照批准内容建设的临时建筑，与承租人订立的租赁合同无效。在这种情况下，如果你未向当事人提示这个风险，而直接审查合同细节，就是很失职的。这种风险就是结构性风险，我们把它叫作“宏观—交易结构”的审查。

用例子简明介绍清楚为什么要从宏观—交易结构层面审查合同。其中关于违章建筑租赁合同效力问题，可以跟受众互动，先请大家回答是否有效，往往说法不一。租赁合同的例子贴近生活，但大家结论却不一致，此时给出相关司法解释的规定，受众更有获得感，也意识到合同交易结构问题指的是这种合同根本风险的问题。

结构性风险关乎这个交易能不能做，是根本性风险。可以说，审查合同不审查交易结构只看文字表面，那就像找对象只看外表那么肤浅。

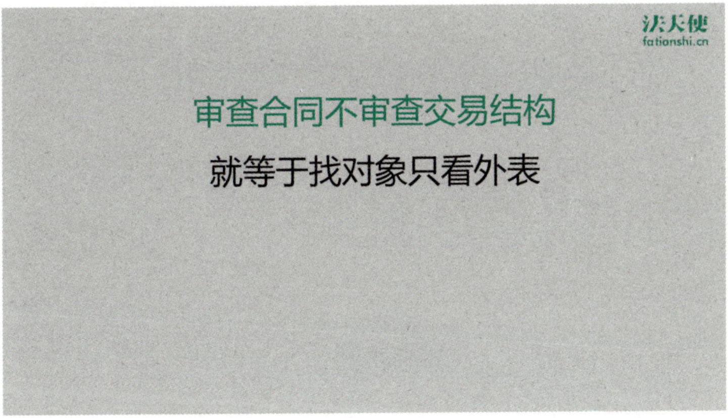

图 3–14　3 小时合同课课件展示（13）

那怎么发现合同结构性风险呢?

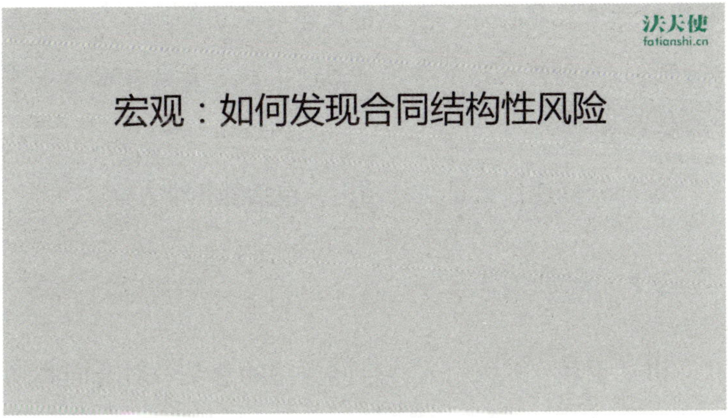

图 3–15　3 小时合同课课件展示（14）

来看这张图，交易结构审查的 4 个方面，分别是合同类型、合同主体、合同标的和合同程序。

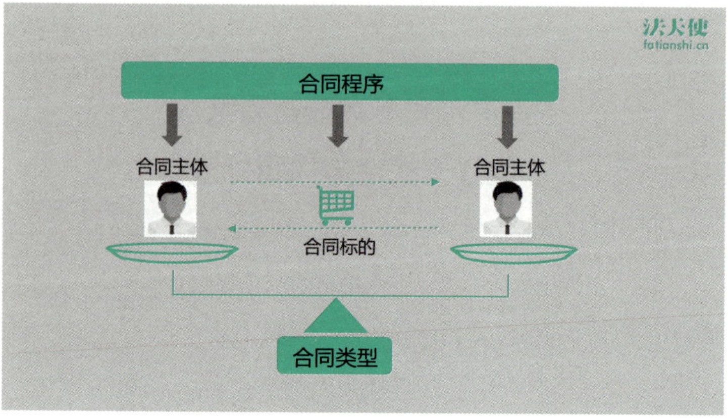

图 3-16　3 小时合同课课件展示（15）

4 个方面有点像中医里讲究通过“望闻问切”几个方面的检查来发现问题。我们需要做的是了解这 4 个方面具体的含义，如何从这 4 个方面思考。先来重点看看其中的“合同类型”。

这部分概述什么是交易结构，包括哪几个方面。

2.1　案例引入

讲述逻辑：案例引入→合同类型的意义→对合同类型的了解→落脚到合同起草审查，宏观—交易结构审查的任务之一是了解合同的类型。介绍中国合同分类法，进而可以了解各类合同，找到优质模板。

先来看个真实案例。

直接讲案例，不用整体叙述为什么讨论案例或者什么是宏观，为什么要分类，而是通过案例具体引导出结论，开门见山，先看案例。

案例讲述：介绍主要情节

一位英语老师和一个教育机构签订《图书委托创作合同》，编写 6 本英语辅导书，稿酬分 4 次支付。交付 2 本书的时候，教育机构宣布终止合同，教育机构只采用 6 本辅导书中的 2 本。英语老师申请要求支付全部款项及违约金。合同中没有约定解除条件，这种情况下：教育机构是否有权解除合同？或者说在教育机构发出解除通知后，合同有没有被解除呢？这个案例来自北京仲裁委员会出版的一本书——《优秀仲裁裁决书赏析》。为讨论方便，我做了一些简化和改编。

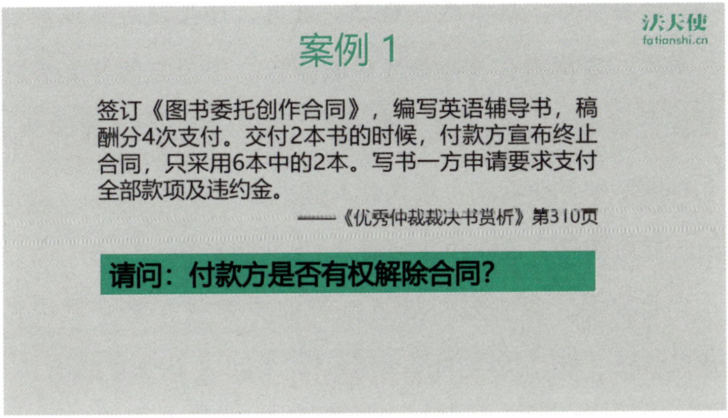

图 3–17　3 小时合同课课件展示（16）

案例操作指引：提供关键细节，介绍清楚案情，可适当说明案例的真实性，让案例更可信，在讲述案例的时候保持节奏，作出适当引导性分析。给受众留出思考的时间，但尽量不要超过 30 秒的全场沉默停顿，而是边引导，边进入提问。

请哪位律师来说说自己的看法……这份合同是否已经被解除了呢？咱们接下来还有更多案例和问题一起交流讨论，很多问题本身也没有绝对标准答案，只要有自己的观点，言之成理，是否正确都没关系，咱们就是在交流讨论中学习。

案例讨论：是否有权解除

好的，我们请这位律师来谈谈自己的看法。（受众发言）

说得很好。您贵姓？姓陈。好的，让我们给陈律师一些掌声。陈律师认为合同不能被解除，因为合同签署后应该被严格履行，不能随意解除，否则违反诚实信用原则。听起来似乎有些道理，是否有人有不同观点呢？

好的这位，请谈谈您的看法。（受众发言）

非常好。您贵姓？姓罗？好的罗律师。罗律师认为可以解除，因为这是份委托合同，委托人有任意解除权。看起来跟刚才陈律师的观点有所不同。我们也给罗律师一些掌声。

哪种观点更有道理呢?

提问→回答→表扬:这个环节要注意节奏,对每个回答问题的人都要有反馈,有肯定。如果回答错误,也给予正向的肯定并完善其答案;可以请1~2人反馈问题,不用把问题讨论得太复杂、太漫长,需要关注的是有没有人能通过判断合同类型,意识到任意解除权的问题。

案例分析:合同类型识别

听了大家的见解,我们发现不管是法官还是律师,在解决合同实务案件时,通常是这么思考的,第一是判断合同是不是已经成立并生效,第二是识别这个合同是什么类型的合同,然后如果涉及解除,在我们的脑子里面搜索合同解除的知识体系。

合同解除分为法定解除、约定解除、协商解除。在这个案例中,没有提到原来《合同法》第94条或现在《民法典》第563条规定的法定解除情形,同时双方也没有约定解除条件或情形。那到底怎么判断教育机构有没有权利解除合同呢?

在这个案例中,仲裁员认为教育机构有权解除合同,他说虽然名为《图书委托创作合同》,但是却不是委托合同,而是承揽合同。既然是承揽合同，那么定作人也就是教育机构享有任意解除权，然后再处理后续是否需要赔偿的事宜。这个案件后面专门附上了其他专家的评论意见，认为这份裁决的优秀之处，在于通过合同类型的分析，找到了案件的突破点，作出了恰当的裁决。

案例结论：合同类型辨析的重要性

我们发现判断教育机构有没有权利解除合同的突破口在哪里呢？其实就是确定合同类型。

当把这份《图书委托创作合同》定性为承揽合同时，那么定作人有权解除合同，注意《民法典》修改以后，改成了在承揽工作完成之前，定作人才可以任意解除。

这个例子让我们看到，不管是法官思考这个案件还是律师起草审查合同，都要根据当事人的需求判断合同类型，只有准确判断了合同类型，才能全面考虑这类合同的风险点所在，就像刚刚这个案例，你要是识别不出它是承揽合同，可能就没办法确认合同的任意解除权。当然，有人可能会觉得这是份委托合同，委托合同跟承揽合同的关系我们待会儿进一步展开。

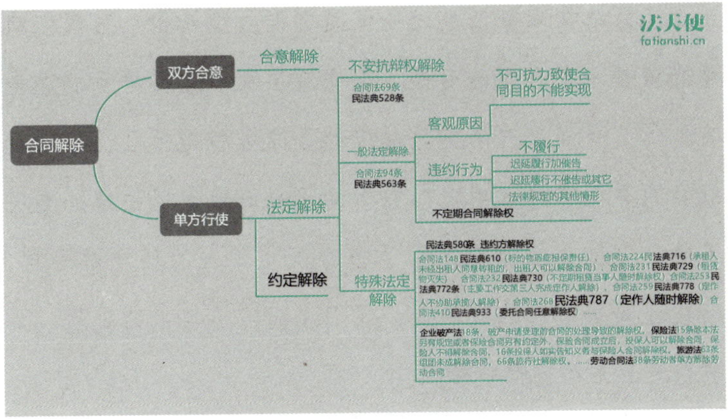

图 3-18　3 小时合同课课件展示（17）

这里结合《民法典》给大家一个解除权的体系，有了这个体系就能更好地作出判断。最左边是合同解除，上面是双方协商一致解除。下面是单方行使解除权解除，分为法定解除和约定解除，法定解除又有原来《合同法》第 94 条规定的情形也就是现在《民法典》第 563 条规定的情况，还要注意特别的法定解除如特定合同类型的解除权，包括委托合同、承揽合同等，前面这个案例就属于这种情况。除此之外，还要注意在特别法中也规定有解除权的情形，包括《企业破产法》《保险法》《旅游法》《劳动合同法》等。在《合同起草审查指南：三观四步法》课程中很强调知识体系，“三观四步法”就是合同起草审查的知识体系，有了体系，就能更好地解决问题。

交易结构审查任务之一就是合同类型辨析。当我们起草或审查一个合同的时候，在宏观层面我们要思考，这是一个什么合同？这个交易对应的合同类型是什么？那判断好合同类型有什么用呢？它有助于更好地适用法律，发现风险。例如，法律规定了承揽合同定作人的任意解除权，站在合同当事人的立场上，我们才能防范其中的风险，要考虑是否主动排除解除权。

我们主张律师审查合同不要拿到一个合同，就立马去改具体条款、改错别字，而是先思考一下这是什么类型的交易，方向走错了，细节再怎么好可能都不行。

通过案例分析，落实到宏观—交易结构审查中的合同类型的分析上，让受众理解什么是合同类型，合同类型分析的意义，为什么分析合同类型，从而得出分析合同类型有助于更全面地发现风险。这就完成了一个逻辑单元。

2.2 讲述辨析合同类型的方法

举例子：展示类型划分的模糊性

交易结构审查的任务之一就是要判断合同类型，但合同的类型有时不好判断。

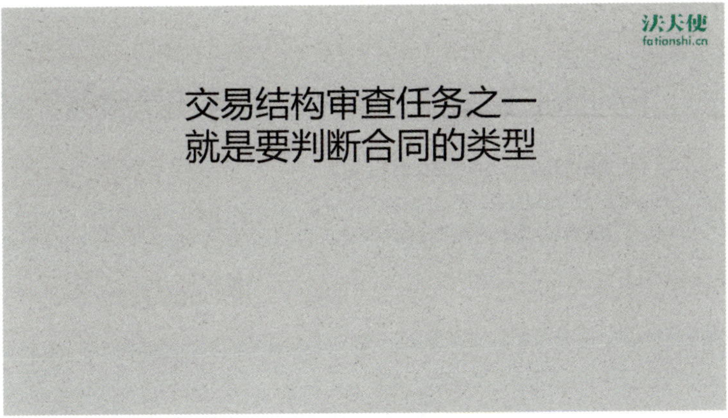

图 3–19　3 小时合同课课件展示（18）

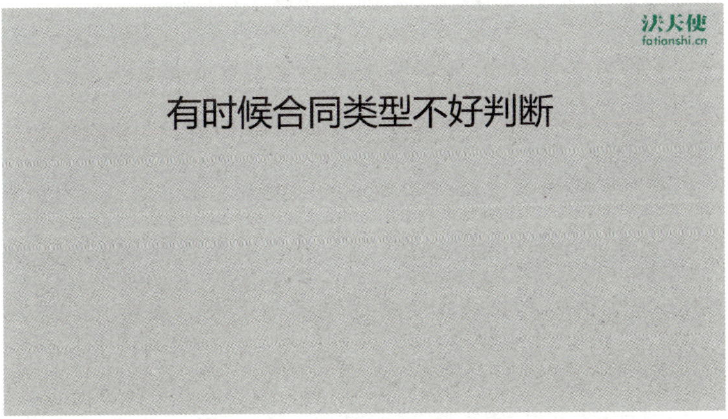

图 3–20　3 小时合同课课件展示（19）

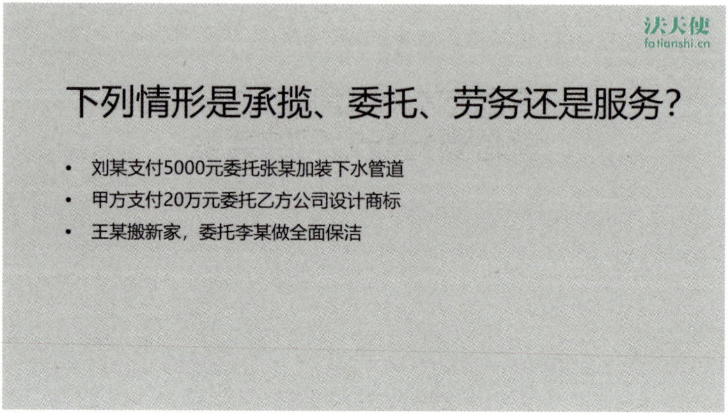

图 3-21　3 小时合同课课件展示（20）

来再看几个例子。

• 刘某支付 5000 元委托张某加装下水管道。

• 甲方支付 20 万元委托乙方公司设计商标。

• 王某搬新家，委托李某做全面保洁。

上述 3 个例子对应的分别是什么类型的合同呢？（邀请 2~3 位受众发言，以便受众能参与思考，具体受众的观点此处略）

刚刚大家提到了委托合同、劳务合同、承揽合同等，好像确实都有点像，又有点分不清楚。其实这 3 个例子各自有些不同的特征。第 1 个例子中有实物也有劳务，第 2 个例子里面没有实物但交付了某种智力成果，第 3 个例子既无实物也没有智力成果。

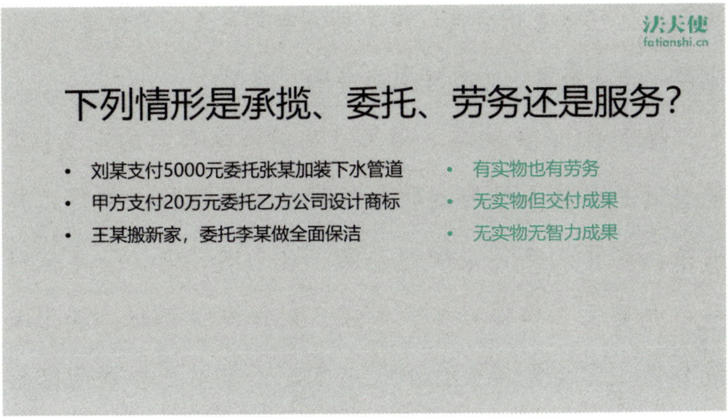

图 3-22 3 小时合同课课件展示（21）

这里重点是让受众找到模糊的感觉，觉得这事好像确实不太好区分。受众众说纷纭，陷入迷茫，这种感觉是对的。正因为众说纷纭，才需要讲者给出答案，受众才有兴趣听讲者怎么分析。

接下来就是搞明白各种合同类型到底是怎么回事？怎么划分？

看法条：从法规角度看合同类型

前面的例子，有人说是委托合同，有人说是承揽合同，不妨先来看看《民法典》中对委托合同和承揽合同是怎样定义的。《民法典》第 919 条对委托合同的定义是，委托合同是委托人和受托人约定，由受托人处理委托人事务的合同。这个定义的意思看起来就是说，一方委托另一方处理事务，这就叫委托合同。这个其实非常宽泛。那承揽合同，也是一方委托另一方处理点事务啊，对吧。

再来看，《民法典》第 770 条对承揽合同的定义：承揽合同是承揽人按照定作人的要求完成工作，交付工作成果，定作人支付报酬的合同。这个定义说，一方按照另一方要求工作提交工作成果，对方支付报酬，就是承揽合同。你会发现，这个也很宽泛，跟委托合同的区别很不明显。

可见，单从法条的定义来看，很难准确区分究竟什么是委托合同，什么是承揽合同。不同的合同类型肯定是存在一定关系的，接下来，我们把承揽、委托和劳务合同关系结合起来作做分析。

首先，要了解的是现实中的合同，常常并非单一的典型合同。当事人之间想要做一笔生意，它不是先看法律有什么规定，当事人想要的是我想怎么赚钱或获取相应的回报，所以实际生活中的合同可能是单纯的买卖合同、租赁合同，也可能不是单纯的某种合同，它可能包含很多种合同关系。

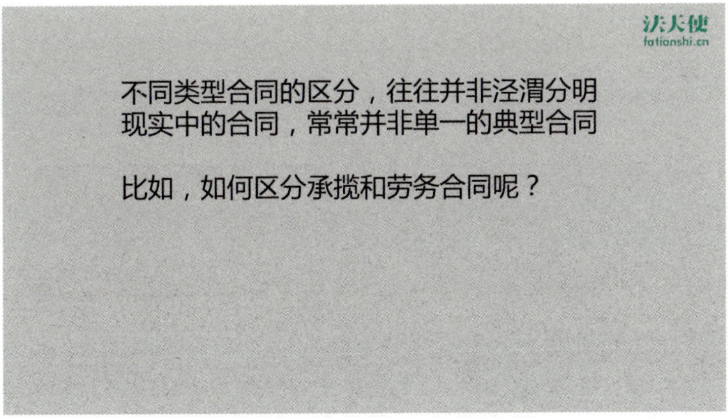

图 3-23　3 小时合同课课件展示（22）

其次，不同类型合同的区分，往往并非泾渭分明。有些合同之间的区分并不容易。承揽合同、委托合同和劳务合同就属于这种情形。有人可能会说，你讲了半天说有些分不清楚，这不是白讲了吗？并不是，明确它们并非泾渭分明，搞清楚它们的关系本身是有意义的。为了方便理解，我们来看一张图。

给图表：分析合同类型的关系

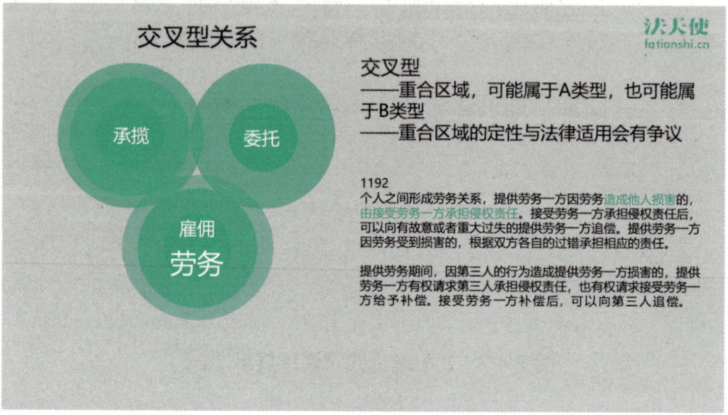

图 3–24　3 小时合同课课件展示（23）

图中有 3 个圆圈，3 个圆圈重合的部分表示交叉关系。每个圆圈又分不同的大小。它们是什么意思呢？每个圈里面那个部分，我们可以认为是那类合同的“基本盘”。基本盘的意思就是，凡是属于这种情形的合同，基本没有争议，可以明确是哪类合同。比如，当事人委托律师代理一个诉讼纠纷，签署委托合同。这种情形是典型的委托。这种委托产生代理关系，律师代理当事人主张诉讼请求，承认或放弃一些事项。

我们需要留意在民事法律制度中，委托和代理是两个概念，委托可能产生代理，但产生代理的不一定是委托。例如，夫妻之间的家事代理权是基于夫妻关系而不是委托。

委托也不一定必然产生代理。例如，我们平常说的我委托你开发个网站。这里的委托并没有代理的产生，它与承揽是交叉的。

在学理上，我们可以从不同维度区分委托和承揽，提出一些区分要素，但是具体的交易场景中，常常难以完全区分一个行为到底是承揽还是委托。对于承揽来说，我买了新房，到家具厂根据房屋的布局定制家具，这个是承揽的基本盘，属于典型的承揽。我们不会把它误认为是委托或者劳务。

但是如果承揽方提供的不是有形的物，而是某种智力成果，如做个网站或翻译一个文件，它算不算承揽呢？承揽合同也没有规定承揽的标的特指有形物，所以这也可能是承揽。因此，承揽跟委托是交叉的。

劳务合同也有类似问题，首先劳务合同不是《民法典》规定的典型合同，但是在习惯中，又是比较常见的一种合同类型。在以前的《合同法》和现在的《民法典》中，都没有直接规定劳务合同这种类型。《民法典》第1192条是这么规定的：个人之间形成劳务关系，提供劳务一方因劳务造成他人损害的，由接受劳务一方承担侵权责任。接受劳务一方承担侵权责任后，可以向有故意或者重大过失的提供劳务一方追偿。提供劳务一方因劳务受到损害的，根据双方各自的过错承担相应的责任。

讲到这儿大家可能还是有疑问，我们在探讨合同类型，结果你说有些合同类型分不清楚，那还讲什么呢？

意识到合同类型不是截然区分的，是可能有不同认定结果的本身，是有意义的。这就要提醒我们，在起草合同的时候，要思考未来合同发生争议的情况下，法官或仲裁员会如何认定合同的类型，如果既有可能认定为委托合同，也可能认定为承揽合同，或者认定为劳务合同，那意味着我们要同时考虑这几类合同的风险。比如，承揽合同和委托合同中，都有任意解除权的问题，但区别在于承揽合同中委托人有任意解除权，委托合同中双方都有任意解除权。还要考虑，如果被认定为劳务合同，则有前述法条中涉及的雇主责任问题。

除此之外，还可以进一步思考，就是站在委托方的立场上，有意识地把合同主动定性为对委托人有利的合同类型。当一个合同既可能认定为承揽合同，也可能认定为劳务合同的时候，站在付费方的当事人立场上，则应该优先将合同明确定性为承揽合同，规避付费方可能的雇主责任。再如，一家公司雇用一批人提供保洁劳务，如果意识到会认定为劳务合同，保洁员提供劳务时可能造成自己或第三人受伤的，还可以考虑改为与家政服务公司签署保洁服务合同，这样一来家政服务公司向其员工承担相应的工伤保险等责任，规避了劳务接受方的雇主责任。

以上合同类型的分析，我们在法学院学习民法的时候，通常不会在实务层面作这样细致的分析。可能大家听起来也会疑惑，实践中确实会如此吗？

前面的分析虽然有逻辑有道理，受众可能理解但未必信服，因此需要再进行“验证”。这就是第二章讲的逻辑单元中的验证环节。是否需要验证，取决于受众内心是否确信了前面的说理，如果认为可能还没确信，就应该验证。

继续看个真实案例。这个案例涉及的合同叫《注射用某药品临床试验委托研究合同书》。这个案例来自北京仲裁委员会的真实案例，出自其编写出版的一本书《优秀仲裁裁决书赏析》。

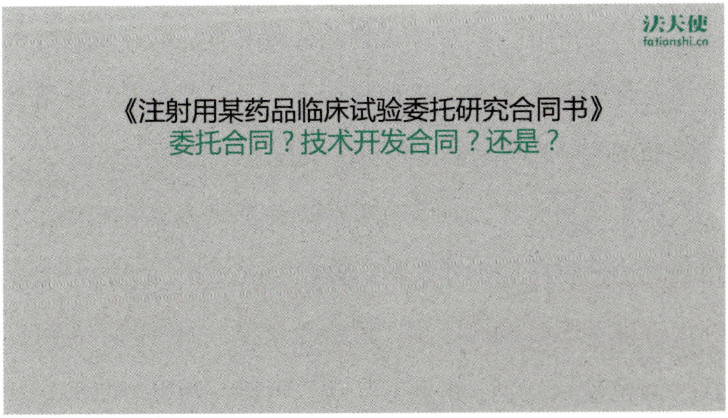

图 3–25 3 小时合同课课件展示（24）

案例说，一个制药厂委托一家机构进行药品临床试验。如果通过试验，则可以拿到药品监督管理部门的批文，进而正式生产该药品；如果不能通过试验，则自然不能投入生产。

图 3–26　3 小时合同课课件展示（25）

合同签署后，制药厂支付了科研费用，最终试验结果是没能符合相关要求，不能投入生产。于是制药厂申请仲裁，要求科研机构返合同款项，承担违约责任。

我先请问大家，根据前面所述的合同内容和标题，大家认为这份合同是什么合同类型呢？

这里考虑必要的停顿，留给受众思考的时间。也可以找一两位受众互动；如果不互动，则留一些思考时间。这个思考的过程跟前面关于交叉型合同关系的分析能够呼应起来。

仲裁员又是如何审理这个案件的呢？在裁决书中写得非常清楚。裁决文书写道：

“仲裁庭认为，系争合同的性质为委托研究合同，其性质类似于《中华人民共和国合同法》（以下简称《合同法》）规定的委托合同，亦接近于《合同法》规定的技术开发合同。国家对新药的开发与生产有严格的审批要求，其中包括必须进行的临床试验。根据惯例、常理和实际情况，药物的临床试验研究与开发无疑含有技术方面的风险，既有可能通过临床试验最终因符合国家的相关规定而获得审批试验成功；也有可能未通过临床试验最终因不符合国家的相关规定而不能获得审批，试验失败。在委托合同签订之时，委托方与受托方都不能保证新药产品最终能够获得审批通过，否则便不能称之为委托研究合同，而是加工承揽或其他类似的合同。当然，受托方应当尽力而为，尽力争取试验成功，临床试验总结报告最终能够符合国家新药审批的要求，双方的合同目的均能实现。但是，此种应然义务不可能被约定为实然义务，除非双方明确约定全部研究开发风险由受托方承担，一旦研究开发失败则由受托方承担全部费用与损失。系争合同第 4 条之二关于被申请人的义务之（3）约定：乙方‘确保临床总结及临床试验资料符合新药审批要求’，此处之‘确保’应当解释为被申请人的应然义务，而非实然义务，即被申请人应当努力达致的目标，而非被申请人取得合同对价的条件。”

我们看到在裁决书中，仲裁员在委托合同、技术开发合同和承揽合同 3 种合同类型中反复辨析，最后认定为技术开发合同，从而进一步论证试验失败后责任承担问题。

这个真实案件，鲜活地体现了合同类型对合同风险的影响。换言之，在合同起草之初，律师就应该意识到，这个合同发生争议时可能会被认定为技术开发合同，所以应该就试验失败后的后果承担作出更明确的约定。值得指出的是，这个裁决书的仲裁员是北京大学资深的法学家、博士生导师，有扎实的理论水平，作了生动的说理，也向我们呈现了合同类型对合同风险的影响。

在这里通过案件的分析，完成了合同类型对合同风险考虑的价值的“验证”。

以上都是从合同类型的角度，对合同风险的思考。我们可以看到，起草审查合同，首先是在做一份“翻译”工作，把当事人的交易，翻译成某种合同类型。每当看到一种交易的时候，我们要思考这是一个单一的合同类型，还是混合的合同类型，是某种典型合同，还是可能被认定为不同的合同类型，从而思考对应的风险。

根据前面的合同类型分析，律师在实务中面对一个具体的交易，就要思考这个交易对应的合同类型是什么。是《民法典》中特定的某个典型合同，如是买卖合同、租赁合同，还是在不同的合同类型中选择，可能认定为这种或那种，认定成不同类型的后果会有什么区别，律师应该如何站在委托人立场上做恰当选择和应对，这就是合同类型层面的思考方法。

这是在回答宏观层面我们提出的问题：这是个什么交易之这个交易是个什么合同类型。

在讲合同类型的时候，都要落实到此种情况下，律师在起草审查合同的时候，要注意什么，因为单纯地进行这些关系分类是没有意义的，只有落实到律师应该怎么做上，这些区分才有意义。

给图表：基于《民法典》的合同类型图

《民法典》颁布后，在《民法典》中规定了多少种典型合同呢?

这里根据《民法典》合同编的规定，画一个图给大家，用比较直观的图来看，19 种合同类型是怎么分类的。这个图可以记下来，方便我们识别具体的合同类型。

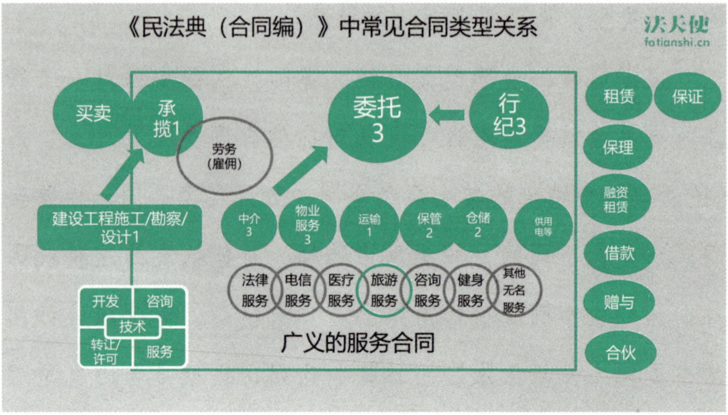

图 3-27　3 小时合同课课件展示（26）

最左上角的是买卖合同，实务中大量的合同是买卖合同，右边是借款、租赁、赠与、保理等，这些都是典型合同，其中保证、合伙、保理都是新增的合同类型。这些合同不易于其他类型合同发生混淆。所以我们就把他们放在方框外面。

这个方框是什么意思？是服务的意思，服务合同在实践中占据了很大一部分。只要不是实物交易，大部分可归属于服务合同。这些中介、运输、供电等合同，这些都是有名合同，一旦遇到这样的合同当然是先看这些合同的法律规定。其他这个合同如这些圈圈里面的合同，是常见的无名合同。承揽和委托都属于服务合同，建设工程合同包括工程勘察、设计、施工合同，《民法典》第 808 条规定，本章没有规定的，适用承揽合同的有关规定。我们再看技术合同，咨询、服务属于服务，而许可、转让则类似买卖。

当看到具体交易识别合同类型时，可以参照这张图，当明确地知道是哪类合同的时候，可以直接命名这类合同，如果不能非常确定是哪种具体的服务类的典型合同，也可以命名为服务合同，服务合同并不是典型合同，而是一个比较大的范围。

再看这张图里面有一些线，这些线是什么意思呢？是适用、参照适用的关系，例如，《民法典》中中介合同（也就是原《合同法》中的居间合同）章节规定，其他没规定的参照委托合同。参照的作用体现在哪里呢？就比如说任意解除权。当中介合同参照委托合同时，他就要适用任意解除权的规定。

有的律师可能对这里不太敏感，觉得有任意解除权怎么了呢？大家知道，一份合同成立并生效以后，双方当事人基于诚实信用原则应当全面、适当地履行合同义务。解除权是形成权，只要单方意思表示就可以发生解除合同的法律后果，让合同不再具有约束力，因此这是个很“严重”的事情，是需要特别予以重视的事情。在一份合同中，有没有解除权，发生争议后，合同有没有被解除，在很大程度上影响着当事人的权利和责任。

当前《民法典》的规定中，还有哪些合同有任意解除权呢？

承揽合同和委托合同，行纪、中介和建设工程合同都是参照委托或承揽合同而有任意解除权。生活中的很多合同的名字不是法律明确规定的典型合同的名字，如 OEM 贴牌生产、网站的委托开发、不定期租赁合同等，都可能是有任意解除权相关问题的合同，那么都要考虑，审查合同时站在谁的立场上，我要不要约定排除，以及赔偿损失的范围。所谓间接利益、可得利益、逾期可得利益，很难举证。意识到对方可能干这种事，直接解除合同，那么我们需要写清楚。

总结一下，判断合同的类型有什么意义呢？

准确适用法律，找到恰当范本，识别合同风险，作出必要约定，因此它是律师起草审查合同“宏观—交易结构”方面需要思考掌握的问题。

关于宏观—交易结构中合同类型的讲述，结构是比较复杂的。经历了案例（教育机构与老师）→分析（解除权）→结论（合同类型）→验证（技术开发合同）；再一个逻辑单元，举例子（几个场景是什么合同）→分析（法条层面）→再分析（用图表交叉关系）→结论（基于《民法典》的常见合同类型）→验证（再次用图表回应前面的任意解除权问题）。

这部分要争取讲透，对讲师和受众都是较大的挑战。有限时间内，宏观—交易结构的另外几个部分则可以相对简练地讲。

2.3　宏观—交易结构的其他方面

宏观—交易结构，除合同类型外，还有3个方面，分别是合同主体、合同标的和合同程序。后面这3个方面我们就不像合同类型这样做这么多展开了。给大家总结了几张图表。

合同主体

合同主体的重要性在于，一个交易的风险，很大程度上取决于在跟谁交易。选择一个资信差的交易对象，必然伴随较高的合同履行风险。相反，如果交易对象非常靠谱，风险就大幅降低。

想想看，平常我们起草审查合同，会注意哪些方面的问题呢？注意交易对象是否有民事行为能力，如果是公司，是不是有不良记录等，这些都是有必要的做法。

但是，合同主体的考察内容不局限在签约能力和资信。下面的这个表格列举了合同主体值得注意的常见情形。在《合同起草审查指南：三观四步法》书和课程中，我们有进一步展开。

合同主体方面的特殊情形

法天使 fatianshi.cn

类型	细分 / 说明	可能的应对措施
主体错列	合同主体与实际上要交易的主体不一致	调整合同主体
	非标的所有权人或非有权处分人	调整合同主体（与有权处分主体签约）； 增加授权
	个人还是单位承担责任不明 (例如借款、保证等关系中，究竟是公司还是法定代表人个人承担责任不明)	调整、明确合同主体； 一方作为合同主体，一方担保
主体少列	未将有直接权利义务关系的主体列为合同主体 (例如股权激励协议未将要让出股权的股东作为主体)	调整合同主体
主体多列	将无须作为本合同主体的主体列为合同主体	调整合同主体； 由相关主体出具声明、文件
主体与合同类型不吻合	当前合同主体与该交易、合同类型不符合 (例如退休人员返聘不应签订劳动合同)	一般是调整合同类型，有时也会调整合同主体
主体签约能力欠缺	无工商登记或主体登记	调整合同主体； 停止交易
	被吊销、注销主体 (严格而言被吊销主体未必不能作为合同主体，但至少很可能履行不能)	调整合同主体； 停止交易
	限制行为能力人、无民事行为能力人	由法定代理人代理签署
主体履约能力欠缺	信用有严重问题	调整合同主体； 增加担保； 停止交易
	缺乏授权许可	调整合同主体； 增加授权； 停止交易
	缺乏特殊资质、政府许可	调整合同主体； 停止交易
相关主体风险	共有人、用益物权人、担保物权人、标的物占有使用人、优先权人、配偶、家庭成员等可能影响合同履行 (参见后文"合同相关主体的处理")	作为合同主体； 对交易表示同意； 放弃相关权利等
其他特殊主体审查	合伙企业	调整主体； 由全体合伙人一致同意 (根据《合伙企业法》第2条，普通合伙人需对合伙企业债务承担无限连带责任，因此一般合伙企业应避免可能产生巨大风险的交易；根据《合伙企业法》第31条，部分交易需由全体合伙人一致同意)

图 3–28　3 小时合同课课件展示（27）

可以结合某个项目用例子展开，便于受众理解这个表格。

合同标的

前不久，我在网上看了一个上海某法院的庭审直播。案件中双方代理律师均认为合同有效，只是一个主张返还货款，另一个主张不用返还。结果，法官当庭宣判合同无效，然后作相应处理。为什么呢？争议的合同是一份关于干细胞买卖合同，因为合同的标的是干细胞这种特殊的标的，依据当前法律规范，在这个案件中的两个当事人之间，以干细胞为标的的买卖合同被认定无效。

还有个常见的例子，刚才再提到交易结构是什么的时候，我有提及。请大家再思考，未经批准建造的临时建筑，以此为标的签署的租赁合同有效吗？有朋友说，有效啊，房子有问题，不影响租赁合同吧。

实际上《城镇房屋租赁合同司法解释》第3条规定，出租人就未经批准或者未按照批准内容建设的临时建筑，与承租人订立的租赁合同无效。司法解释明确规定这类合同无效，根本原因还是合同标的问题。

这里要补充一句，如果这样的合同无效，是不是一定不能签呢？也未必。可能还是要结合具体交易，考虑站在谁的立场上看待这份合同。要注意到，前面说的司法解释的第4条：房屋租赁合同无效，当事人请求参照合同约定的租金标准支付房屋占有使用费的，人民法院一般应予支持。

站在出租方的立场上，其主要目的是收到租金。尽管合同无效，但如果房屋出租实际交付承租人使用的，仍然可以参照合同约定的租金标准主张房屋占有使用费，实际上出租方很大程度上实现了交易目的。而站在承租方立场上，遇到这样的合同，也要进一步分析。假如房屋租赁后投入较大成本装修，如几百上千万元，结果不久发生争议，合同被认定无效，可能会发生较大损失。相反如果没有装修成本，只是正常使用，则合同无效的后果可能也能接受。

我们看到，考察合同标的能发现特定的合同风险，并且律师不仅要有办法判断合同无效的严重风险，还不能停留于合同无效的后果，还要进一步分析无效的合同如何取舍对待。

合同标的方面的特殊情形

法天使
fatianshi.cn

标的类型	细分/说明	可能的应对措施
国有资产	国有资产（股权、资产、知识产权等）交易涉及特殊程序、专门法律规定	评估其可行性，依法进行批准、评估、进场交易等程序
外资企业股权	《外商投资法》于2020年1月1日起施行后，外商投资进一步放宽，但相对于普通内资企业，仍存在一定限制	1.审查是否存在限制： （1）是否属于国务院发布/批准发布的“负面清单”所列的外商禁止投资、限制投资领域（禁止投资领域需停止交易，限制投资领域需符合负面清单以及具体法律法规/主管部门的特殊要求）； （2）是否涉及外资并购境内企业或以其他方式参与经营者集中（如属于需要根据《反垄断法》进行经营者集中审查）； （3）是否属于涉及国家安全的情形（如属于需要进行国家安全审查） 2.如存在上述情形，则需特殊批准程序，或可能导致交易无法进行；如无上述情形，则与内资企业待遇一致
农村土地及房屋	农村土地交易往往涉及民主议定程序、政府批准程序； 部分交易模式不可行， 农村的宅基地、农村房屋、无产权证的“小产权房”的交易存在很大法律风险或特殊性	集体经济组织应依法履行内部程序； 停止交易 （《农村土地承包法》对农村土地对外承包有特殊程序要求）
违法建筑、产权不明建筑	此类建筑仍然有一定出租、使用甚至转让的空间，但存在风险	调整交易模式； 增加担保； 停止交易
被查封资产	被查封的资产仍可交易，但不能保证正常履行	考虑风险的情况下交易或适当调整
尚不存在的标的	尚不存在的标的仍可交易，但需要考虑风险	适当调整交易模式
可能涉及违法的标的、限制或禁止交易的标的	珍稀动植物、毒品、禁止买卖的文物、私人交易的金银等	经核实确实违法的，应停止交易
具有人身属性的特殊标的	涉及身体器官、人格尊严或具有明显人身属性的权利的交易，往往违法（例如，根据《交通事故损害赔偿司法解释》第24条的规定，当事人主张交强险人身伤亡保险金请求权转让或者设定担保的行为无效的，人民法院应予支持）	如为无效且风险较大，应停止交易
担保法律关系中不属于可担保的财产	如《民法典》第399条规定的不能抵押的财产； 部分财产可以交易，但无法抵押	应核实是否可办理担保物权登记，如为无效担保或无法办理登记，则应调整交易模式，如采取非典型担保； 风险较大则应停止交易
违法、违反公序良俗的服务或交易	婚姻家庭、人身关系、男女关系方面容易出现此类问题	停止交易

图 3–29　3 小时合同课课件展示（28）

这里同样给大家提供一个表格，汇总了合同标的方面的常见特殊情形，在起草审查合同时作为比照，会大有帮助。

合同程序

合同程序指的是什么呢？它指的不是交易的流程，不是说签署个买卖合同，谁先交货、谁先付款之类的流程。这里的合同程序是指交易主体之外的需要办理的特定的事项，如果没有注意到这些事项，就可能导致合同不能顺利生效或履行，合同目的不能达到。

同样给大家提供了一个汇总图。举个例子说明，一些合同签署后，需要履行批准、登记或备案手续。这些手续都属于外部的与国家机关有关的合同程序事项。不履行，就可能对交易产生影响。

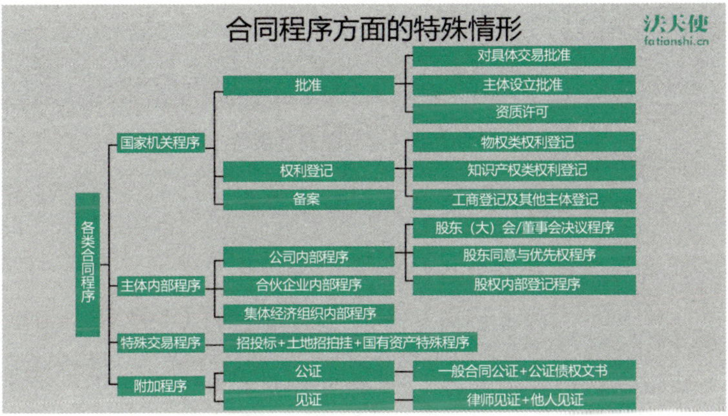

图 3-30　3 小时合同课课件展示（29）

那么，批准、登记和备案，对合同有怎样的影响呢？简单来说，批准影响合同的生效，备案不影响合同效力，只是行政管理手段，登记不影响合同效力，但决定权利能否对抗第三人。

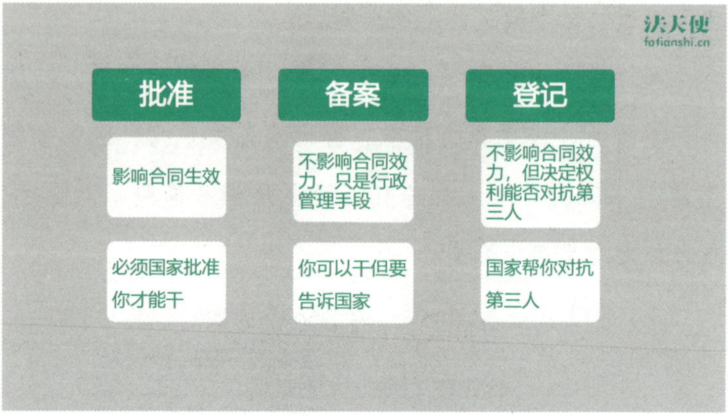

图 3-31　3 小时合同课课件展示（30）

例如，买卖一个商品房，签署买卖合同，合同生效且支付房款后，如果不及时办理权属的转移登记，则房主可能一房二卖，如果新的买主符合善意第三人的条件，原买主就难以获得标的房屋，只能向卖方主张违约责任。这就是登记程序对交易的影响。

再如，国有股权转让依据相关法律规范需要相关人民政府批准才生效，不办理批准手续，合同就不生效。

意识到这些问题的意义是什么呢？如果合同需要批准才生效，而合同起草审查者没意识到这个问题，就难以规避风险。相反，可以明确约定，何方有义务报批获得生效，如果不履行报批义务，应当承担怎样的责任。

这要求我们了解，有哪些合同需要批准才生效，同样地，又给大家提供了一张表单。

合同名称		批准机关	法律规定及说明
股权转让合同	购买商业银行5%以上股权的	国务院银行业监督管理机构	《商业银行法》第28条
	购买保险公司5%以上股权的	保险监督管理机构	《保险法》第84条
国有资产/股权转让处置、增资减资、合并分立等协议		国有资产监督管理机构审核，部分还需要本级政府批准	《企业国有资产法》《企业国有资产监督管理暂行条例》等规定
划拨土地使用权转让合同（房地产转让）		有批准权的人民政府	《城市房地产管理法》第40条 《最高人民法院关于审理涉及国有土地使用权合同纠纷案件适用法律问题的解释》第11条（合同效力认定）
矿业权（采矿权、探矿权）转让合同		地质矿产主管部门	《探矿权采矿权转让管理办法》第10条；采矿权、探矿权租赁合同可能会被认为属于矿业权转让合同
技术进口合同、出口合同（限制进出口的技术）		国务院对外经济贸易主管部门	《技术进出口管理条例》第11-15、32-35条
有关经营者集中的合同		国务院反垄断执法机构	《反垄断法》第21-26条
农村土地承包合同（发包给本集体经济组织以外的单位或者个		乡（镇）人民政府	《农村土地承包法》第52条
武器装备研制合同（需国家指令性计划予以保证的合同）		合同双方主管部门	《武器装备研制合同暂行办法》第11条
注册商标转让合同		商标局	《商标法》第42条；另参见说明
集体合同		劳动行政部门	《劳动合同法》第54条，《集体合同规定》第46、47条；另参见说明
土地使用权出让合同（改变土地用途）		出让方和市、县人民政府城市规划行政主管部门	《物权编》第350条 《城市房地产管理法》第18条
土地使用权出让合同（房地产转让，且改变土地用途）		原出让方和市、县人民政府城市规划行政主管部门	《物权编》第350条 《城市房地产管理法》第44条

图 3–32　3 小时合同课课件展示（31）

以上就是宏观—交易结构的 4 个方面。就像中医诊断有“望闻问切”，相声讲究“说学逗唱”一样，合同的起草审查，如何发现“宏观—交易结构”层面的问题，我们也提供了前文 4 个方面。

这么多年来，法天使持续建设中国合同库，需要全面把控各类合同的风险，如何才能做到呢，必须有标准的方法。在建设中国合同库的过程中，为各类型的交易提供模板。接下来，我们进一步延展谈谈合同类型层面，如何找到各类交易的好用的模板。

2.4 中国合同分类法与中国合同库里的范本

很多朋友可能也都知道，法天使是专门做中国合同库的，从几年前就开始，准备做一个能被广大法律人参考使用的，优质的合同范本库。

这背后的道理是，当事人签署合同不是按照法律规定的典型合同来签署的，而是按照交易的场景来签署的，有多少种典型的交易场景，就有多少种合同类别，而且这个类别更有实务价值。这就是法天使做中国合同库的原因。

可以说，掌握了前面讲的对合同类型的理解，加上中国合同库，更能事半功倍，把合同工作做好。下面我来介绍下中国合同分类法的逻辑。

这是一张地图，想象一下，10 年前我第一次来到一个新城市，如果我迷路了，比较聪明的做法是什么，我应该找一个当地的出租车司机带路。10 年后如果我迷路了还应不应该找他？大家都知道答案，我只需要打开地图软件就行。有了地图软件，现在黑车司机都不好绕路了，这就解决了这个问题，就是这个道理。给大家举个例子。有没有律师做房地产业务？作为一个房地产律师，应该熟悉这个领域常见的合同类型。我拿房地产开发土地举例。

图 3–33　3 小时合同课课件展示（32）

房地产业务有一部分叫作房地产开发，房地产开发是不是需要拿地，关于拿地涉及土地使用权，关于土地使用权可以这样分，包括一级市场、二级市场。一级市场就是从政府手里，通过招、拍、挂等方式拿地；二级市场就是从别人手里拿地，比如，资产转让，从别人手里获得土地使用权、在建工程；如果我拿不到地，那么我可以拿公司的股权，通过拿房地产开发公司的股权间接地获得土地使用权；我还可以联合开发，联合开发又可以分为新设公司和不新设公司；我还可以委托开发，委托代建……比如，我们当事人搞了一块地，但是他不是专业做地产，我们就可以委托万科代建，然后给一笔代建的费用，这个楼建起来用作单位住房。

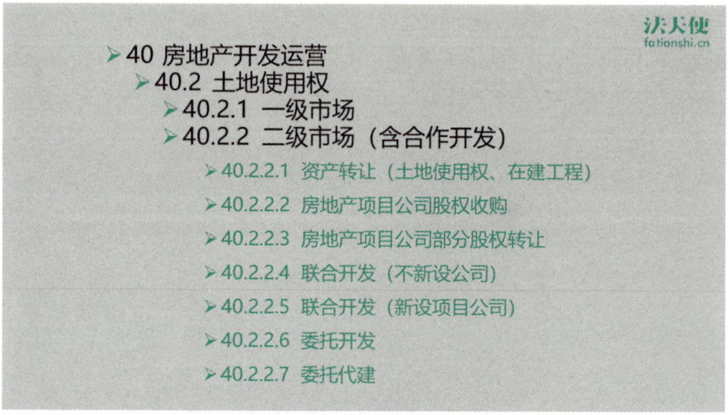

图 3–34　3 小时合同课课件展示（33）

其实资深行业律师的一个特点就是通过多年的专业研究，了解这个领域的交易类型和对应的合同类型。跟着房地产老板去谈一个项目，他很明白用什么样的合同类型去完成这个交易。这是我们成为某一个领域的专家的一个很关键的点，所以掌握各个领域的合同类型，其实是你成为行业专家的一个很好的方法。我就不说这些领域的，我就说超市里面卖东西，如家乐福、沃尔玛等大超市，大家有没有想过，其实这个卖的方式有很多，有的是超市采购过来卖，有的是厂家把货放在超市代卖，这些都要分类。

大家想，我们花了几年的时间，把全中国的交易合同分了多少类。我们说合同的数量是海量的，但合同类型是有限的，我们目前分了 2000 多类，律师要处理哪类合同根据分类法看一看，你就能搞清楚每一类，还提供一个好范本，现在大概有 1 万个精心修订的好模板，在你能够准确识别合同类型的基础上去使用。

也可以换一个领域，如影视领域的合同分类，公司合同的分类，结合课程的时间决定是不是展开讲，想论证的目的跟前面的房地产是一样的。通过合理的分类，明确某个领域的常见合同类型。

从哪里能获得全部的分类，就是我强调的方法和工具的结合，从哪里呢？

换一个话题，平常上班时，工作最经常面对的软件是什么？最经常面对的一个是微信，另一个就是 Word，对吧？就在这，把 1 万多个范本嵌入 Word 里在右侧，然后大家就可以使用了。

比如，找一份商铺租赁合同，我给大家演示一下，我们来看看。这真变成手把手来一起研究怎么写合同了。

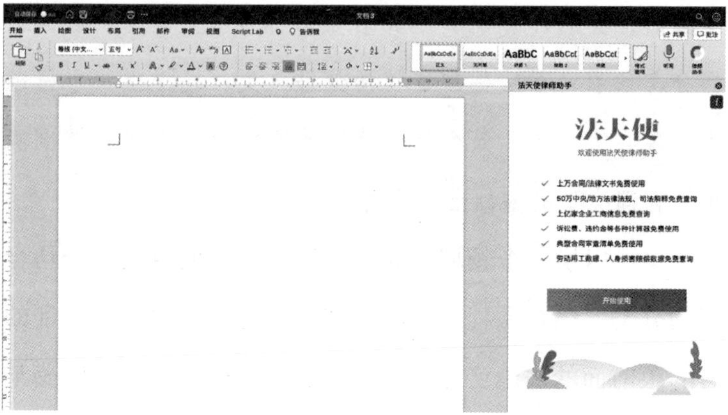

图 3–35　3 小时合同课课件展示（34）

这是一个空白的 Word 文档，每个人电脑里都有，我们的区别在于右上角是不是有一个绿白相间的按钮，我打开之后就出来了，这就是律师助手。听名字就知道了，帮助律师写合同，点击开始使用，假如一个商场的业主把商铺租赁给租商铺的人，律师怎么去找一个好范本呢？就在这里搜“商铺租赁”，出来了一系列商铺租赁文本，分得很细，这是一个全套的，打开之后，就能看到我想用一个提成保底的文本，不需要跳出 Word 就可以找到，我想使用的话，点一下插入全文就可以直接插入到 Word 文档，这是一个 31 页 38,000 字的非常全面的商铺租赁合同，基本上是资深律师或法务写的合同，每一个条款都经得起推敲。当然也有简单的版本可供选择，这是一个成套的模板，除了合同，还有消防等文本，只要你需要，就可以配套使用。

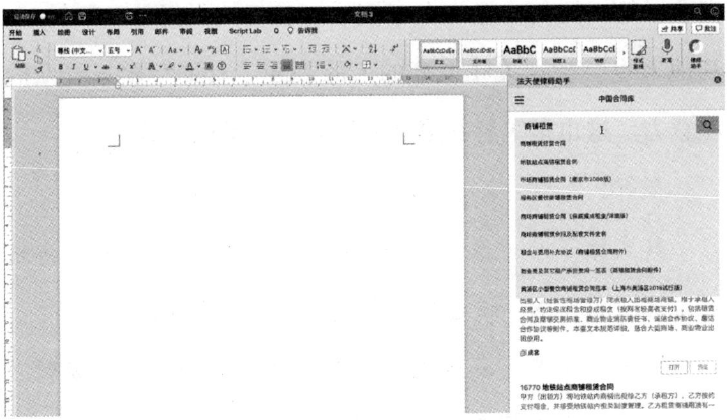

图 3-36　3 小时合同课课件展示（35）

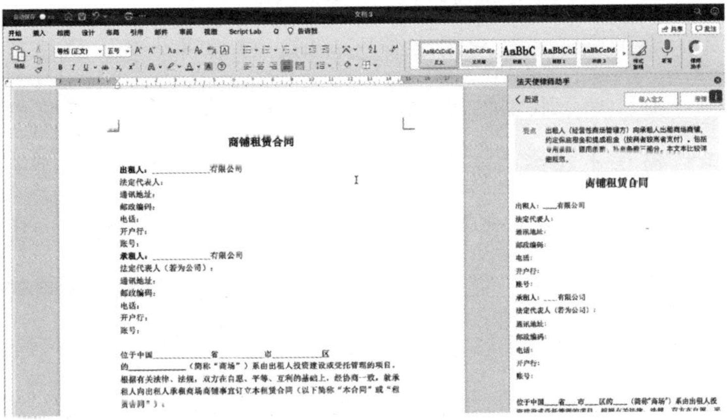

图 3-37　3 小时合同课课件展示（36）

有没有人想上来亲手试一下，检索一份合同呢？如股权代持协议，谁来试试呢？

根据课程时间和进度，此处可邀请一位朋友上来试试。

受众上台亲自演示，有助于强化互动、体验，更好地帮助受众了解。邀请一个人上来演示，参与的不仅是上来的人，其他人也会特别关注上来的人的表现，有助于聚集受众的注意力。这也是笔者在第二章讲到的互动的形式之一。

很好！

其实除了刚才像百度搜索关键词一样，还有一种方法可以检索到文本。通过分类来找到适当的合同模板。

当事人想要起草合同时，他通常不会告诉你想要什么合同，承揽合同还是委托合同，他告诉你的肯定是具体的场景、具体的需求，我们律师要做的就是翻译工作，把具体的需求翻译成买卖或者什么合同，然后再去找。这里留个作业，除了我们的 Word 外，大家手机都带了吧，在你的手机微信小程序中都有合同库，扫这个小程序就叫“法天使合同库”，这个合同库中有 2000 多个常见合同场景，大家去找找看，能不能找到大家在工作中当事人要求起草的合同。中国合同库的重要工作是作分类，尽量覆盖每一类，且每一个合同的品质比较高，这个是我们在合同分类方面做的工作。

这是我上半场先给大家讲的合同类型。从合同类型的划分到合同工具，这是宏观部分。那么合同的中观和微观部分，怎么更加具体地处理合同呢？休息 10 分钟，我们下半场见。请注意，现在是10点20分，我们10分钟后，也就是10点30分准时开始，迟到的上台表演节目。

注意：最好的中场休息，是在大家还没意识到要休息的时候，正听得入神的时候，做好对后面的内容的铺垫，受众以为还要讲，然后忽然说，休息10分钟，下半场继续。有一种正在兴头上，忽然休息，大家很期待下半场的感觉，要慢慢找到这种感觉。相反，如果提前就说我们讲完什么内容就休息10分钟，效果就不好。总结一下中场休息技巧：（1）对后面内容有铺垫；（2）干脆利索进入休息；（3）明确下半场开始时间，防止受众忽略时间不能及时返回课堂。

3 中观—合同形式

大家时间宝贵，我们准备继续开始，请大家帮忙招呼一下走道里的朋友回到座位。

根据现场受众情况，可参考的让大家尽快返回座位的方式：“请帮我招呼一下还在外面的朋友回到座位，现在我开始倒数 3 个数，数完之后还没回到座位的朋友，要上来表演节目哈，3——2——1.5——”

上半场我们讲了什么呢？如果用 4 个字概括上半场的内容的话，应该是什么？（给受众一些回应的时间）是的，4 个字的话，我讲的是“交易结构”，是合同起草审查的宏观部分。

3.1 中观整体介绍

下面来看合同的中观。

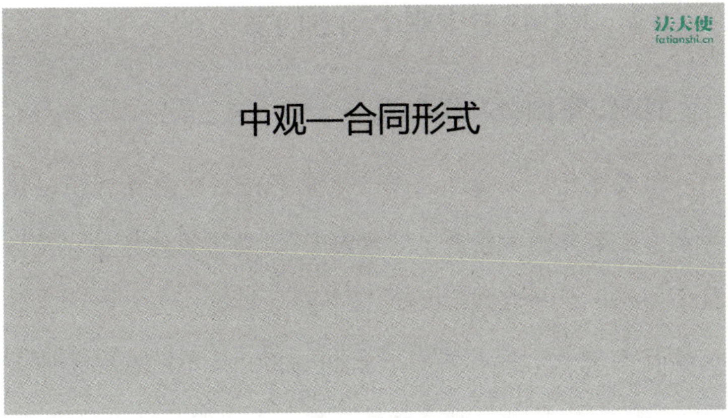

图 3-38　3 小时合同课课件展示（37）

宏观考虑的是“这是个什么交易”的问题，那中观回答的问题是什么？要考虑的是“什么文本”。当起草或审查一个合同，我们很自然会想，需要一个简单的一页纸的合同，还是一套复杂的合同，是不是需要特别的形式。中观承上启下，我们先看个案例。

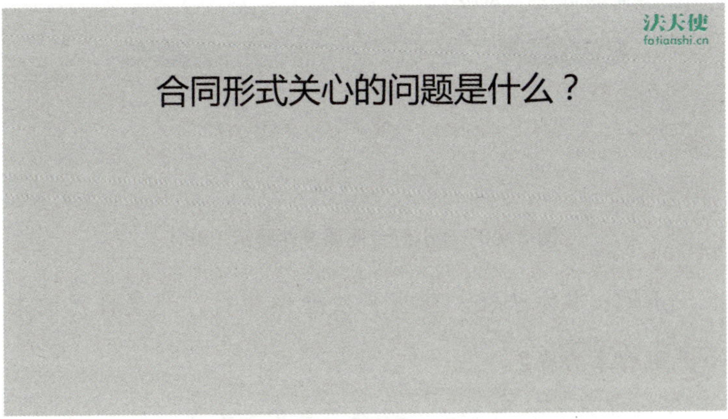

图 3-39　3 小时合同课课件展示（38）

3.2 具体讲解中观中的意向书

挖坑：案例引入及论证

张某委托中介公司出售自己的房子，中介找到了一位买家，张某与买家签署了“意向书”，对出售的房屋、价格做了约定。后来在履行的过程中发生纠纷。买方起诉，要求履行意向书。这时候卖方张某认为：双方签署的文件是“意向书”，它只是一种临时性文件，表达的是双方的意向，并不具有法律效力，因此不同意办理房屋的过户手续，不履行意向书。

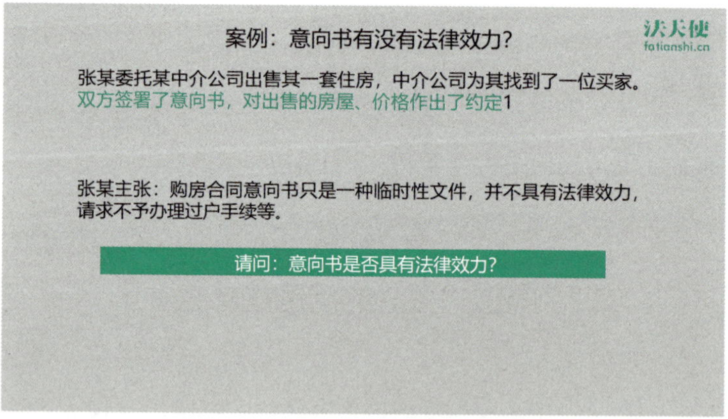

图 3–40　3 小时合同课课件展示（39）

请问：作为法官，应当判决继续履行，还是说意向书不具有约束力呢？

（邀请受众参与讨论，受众具体发言略）

有人认为，取决于意向书内容的详细程度，如果内容很详细，像正式的买卖合同那么详细具体的话，就有约束力。这让我想起一段相声，说出个谜语：远看是狗，近看是狗，是狗就是狗，踢它它不走。谜底是什么呢？死狗。如果这份文件看着像合同，那它就是合同，这是认为它有合同的约束力的观点。

有人认为没有约束力，需要签正式的合同后，张某才有义务办理房屋的过户手续并交付房屋。还有人说这是个预约合同，因此需要签订本约。

意向书讲述逻辑：第一，案例强调签署的是意向书，那么意向书到底有没有效力呢？这里的效力指的就是合同的约束力。第二，审查意向书的第一重点，是明确约定它的效力，这可能是很多受众平时不太了解的。第三，扣题，这是“中观—合同形式”讨论的问题，属于特殊效力的文本，“形式”上是意向书的文件，需要特别注意的风险点。

非常好，感谢各位的观点。我们来一起分析下。

填土：立法变迁论证

其实这个问题，在《民法典》立法的过程中有所体现。这里有一个表格，最左边是原来的买卖合同的司法解释，最右边是《民法典》把买卖合同司法解释纳入后的规定。

中间是《民法典》的草案。我们通过比对来探寻立法者的本意。

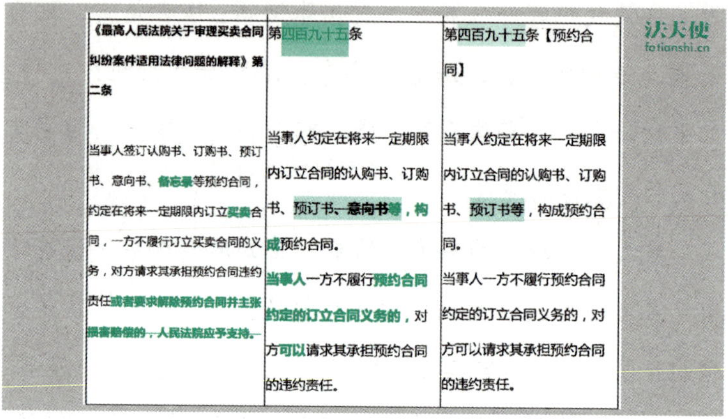

《最高人民法院关于审理买卖合同纠纷案件适用法律问题的解释》第二条	第四百九十五条	第四百九十五条【预约合同】
当事人签订认购书、订购书、预订书、意向书、备忘录等预约合同，约定在将来一定期限内订立买卖合同，一方不履行订立买卖合同的义务，对方请求其承担预约合同违约责任或者要求解除预约合同并主张损害赔偿的，人民法院应予支持。	当事人约定在将来一定期限内订立合同的认购书、订购书、预订书、意向书等，构成预约合同。 当事人一方不履行预约合同约定的订立合同义务的，对方可以请求其承担预约合同的违约责任。	当事人约定在将来一定期限内订立合同的认购书、订购书、预订书等，构成预约合同。 当事人一方不履行预约合同约定的订立合同义务的，对方可以请求其承担预约合同的违约责任。

图 3–41　3 小时合同课课件展示（40）

我们看到在原来的买卖合同司法解释中谈到“当事人签订的认购书、订购书、预定书、意向书、备忘录等预约合同……”，从这句话里我们看到什么？看到把意向书列为预约合同的一种常见的形式，对吧。再看《民法典》草案的规定，“当事人约定在将来一定期限内订立合同的认购书、订购书、预定书、意向书等，构成预约合同。”有什么差别呢？对，把原来的备忘录删除了。再看定稿的《民法典》的规定：“当事人约定在将来一定期限内订立合同的认购书、订购书、预定书等，构成预约合同。”又有什么差别呢？没错，把原来的意向书 3 个字也删除了。

这部分是从立法变迁，论证立法者从立法意图上，有意把备忘录、意向书作为“预约合同”的列举事项删除了，说明立法者不希望把意向书作为预约合同的名称。后面在投资意向书中，以实务举例论证这个问题。

《民法典》的正式条文中，对于预约合同的列举，包括认购书、订购书、预定书，没有再包含意向书、备忘录。这意味着立法者认为意向书不应该被认定为预约合同。或者说，立法者希望的导向是，大家不要把预约合同的名字命名为“意向书”。

为什么会有这样的安排呢？就是因为类似“备忘录”“意向书”给人不正式的合同的印象，在实践中容易引起误导。

大家可能会疑问，那刚才的案例中的意向书，到底是不是合同、有没有合同的约束力呢？答案是，在类似的案例中，有的认为有合同约束力，有的认为没有。在不同的个案中，结合不同具体情况有不同的认定。

具体来说，有3种情况：一是认定为磋商性文件，没有合同的约束力；二是认定为预约合同，预约合同当然是属于合同，但是预约合同的目标是签订本约；三是认定为本约，也就是它就是最终的正式的合同，不是预约合同。

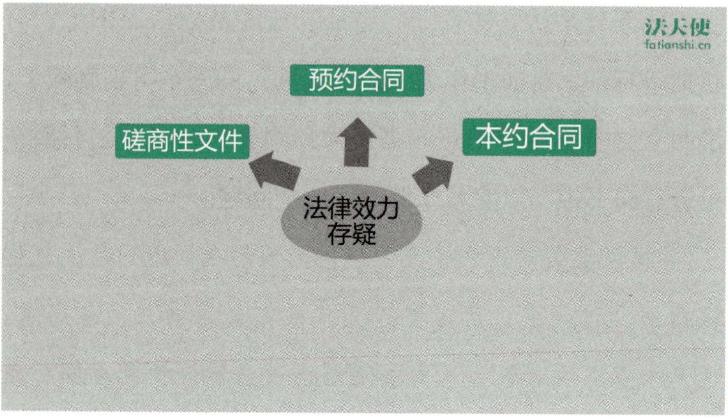

图 3–42　3 小时合同课课件展示（41）

这部分属于逻辑单元中填土的部分，前面以立法变迁分析，后面还应回到对案例的分析，否则受众心中关于那个案例的疑问没有解除，好奇心没有被满足；此处给出的结论是说，类似情况司法实践中有不同认定，恰恰说明在起草类似文件环节需要注意约定它的效力情况，为后面给出结论做好准备。

给出结论：意向书的效力不确定

这恰恰就是“意向书”这类文件存在的问题，它具有效力的不确定性。起草审查合同，就是要注意消除这些效力不确定带来的风险。

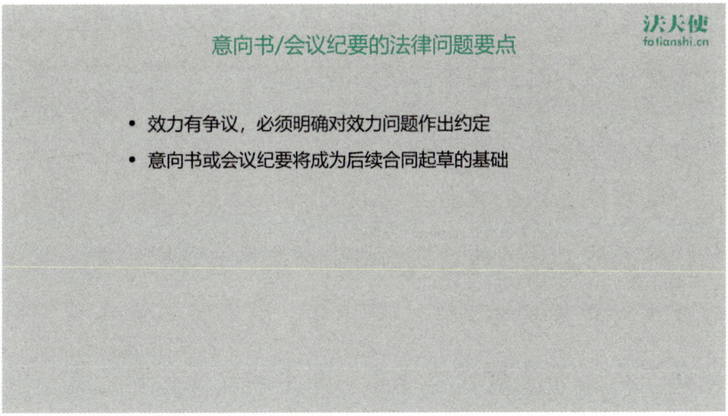

图 3-43　3 小时合同课课件展示（42）

如何消除这种风险呢？其实很简单，就是主动定义这个文件的效力。在文件中专门用条款说明这份文件有没有合同的约束力，或者哪些条款有约束力、哪些条款没有约束力。

踩一踩：验证

有人说，真的如此吗？

我们来看个例子。在股权投、融资类交易中，经常出现“意向书”这种场景。常见的情况是，一个投资机构看中了一家公司，希望投资，比如 5000 万元。各方就投资数额，投资后占的股权比例、投资人的权利等大致有了意向，于是就签署一个文件，叫《投资意向书》，业内习惯简称为 TS，就是 term sheet 条款清单的意思。

那签完这份文件后怎样呢？是不是投资人就需要尽快支付投资款，然后融资的公司股权登记变更等手续，让投资人成为股东呢？并不是。

通常签完这个文件后，投资人开始正式的尽职调查，包括财务的、业务的、技术的以及法律的尽职调查。调查后如果发现确实公司各方面不错，符合投资的条件，那么各方正式签署投资的协议。如果调查了一番，最后投资机构说，对不起，我们认为公司不符合投资条件，决定不投资了。那融资的公司会觉得，耽误了自己太多时间，之前是签署了投资意向书的，怎么能说不投就不投呢？要到法院起诉或申请仲裁，要求投资机构必须支付投资款，可不可以？

答案一般是不可以。为什么不可以？在这种相对成熟的领域中，有经验的投资人会在投资意向书中提前定义好这份文件的效力。

通常是怎么定义的呢？

来看个投资意向书模板。刚才在讲“宏观—交易结构”的合同类型的时候，向大家介绍了“法天使—中国合同库”，现在我们通过一个 Word 文档，在里面找一个优质的投资意向书模板来看看。

现在，我打开一个空白的 Word 文档，然后右侧有个绿白相间的小按钮，这是什么呢？这就是法天使开发的律师助手，它被嵌入微软Word和Windows系统下的WPS文档。

安装它很容易，在Word中几秒钟就能安装。现在我打开它，默认的是中国合同库，我检索“投资意向书”，好的，就出现了结果，选择其中这个，点击“使用”。

我们看到这个文档已经出现在页面的右侧边栏中了。可以浏览整个文件的全文。假定我们就想使用这个文件，应该怎么办？请注意，我点击右上角的这个“插入全文”按钮，大家不要眨眼，一下子，这个文档就到了左侧的编辑区，就可以使用这个文件了。它品质很高，非常工整。我们看到它内容很多，也很专业。投资人的各种权利的条款写得很清楚。

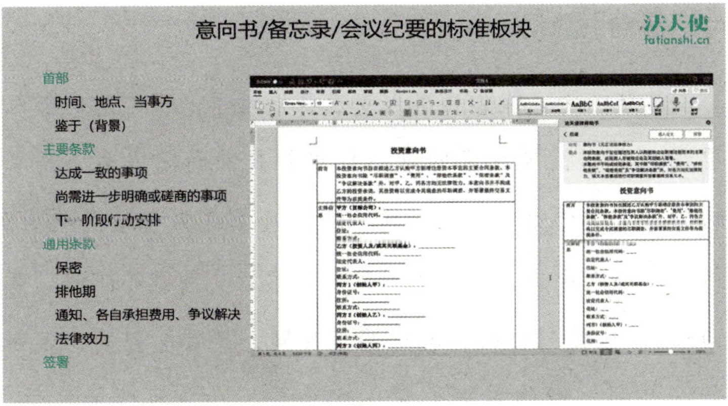

图 3-44　3 小时合同课课件展示（43）

注意看这条，它是怎么说的：除本条款和标题为“尽职调查”“费用”“排他性”“保密义务”“违约责任”“法律适用”和“争议解决”的条款具有法律约束力外，本意向书其他条款对各方均无法律约束力。

这条很关键。它的意思是，前面那些投资额、持股比例、投资人权利等条款都是无效的，都没有约束力。这是一个常见且专业的处理方式。

有人说既然那些主要的商业条款都无效，那签署这个意向书还有什么意义呢？是有意义的，它将成为后面起草正式的投资协议的基础。原则上，按照商业惯例，如果没有特别的事项，后面的协议肯定是要参考或者说在原来的投资意向书的基础上起草的。因此投资意向书也很值得重视。

意向书总结

总结一下，假如当事人要求我们起草一份“意向书”，要注意什么？要注意的第一件事就是，问问当事人是否希望这个文件是一份正式的合同，全部条款都有约束力。假如当事人说是，那么此时我们起草的文件就不该叫“意向书”，应该叫什么？就叫某某合同，是什么合同，就叫什么合同。假如当事人说，这个是一个阶段性的文件，记录当前的意向。那么成熟的做法就是在文件中明确定义它的效力，哪些条款有效，哪些条款无效？常见的处理方式是，主要商业条款写明当下达成一致的事项，尚需进一步明确或磋商的事项以及下一步的行动安排，这些是无约束力的条款。而保密、排他期、磋商过程中各自的费用承担、争议解决和法律效力的条款，则是有约束力的条款。

为了方便大家区分理解，我们来提供一张图。

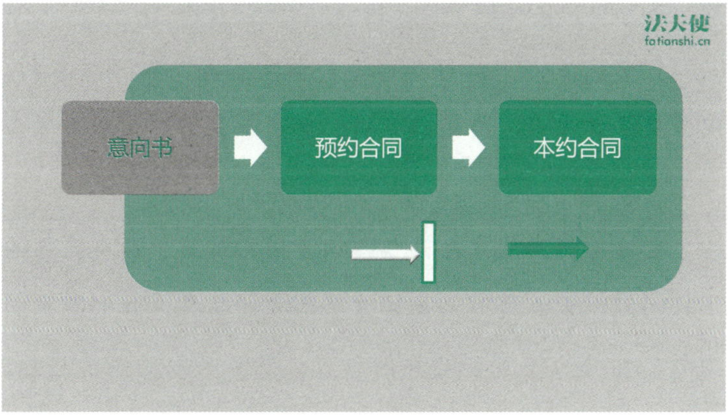

图 3–45　3 小时合同课课件展示（44）

大家看这张图，底下的椭圆底纹代表合同的拘束力，为什么意向书一半在里面一半在外面呢？前面我们说了，它可能有合同拘束力，可能没有。预约合同和本约则是合同，是有拘束力的。我们在预约合同下面放了一条竖线，这代表它前面有一堵墙，说的是预约合同值得关注的主要风险是什么？是它有可能难以继续履行。预约合同的标的是签订本约。

在实践中，假如一方不履行预约合同，另一方可否请求法院或仲裁裁决对方必须签订本约呢？有的时候能，还有很多时候不能，如果预约合同有很多交易的细节欠缺，那么法院或仲裁机构也不宜裁决强制履行，要求签订本约。这就是预约合同的风险，提醒我们要关注假如不能签订本约，各方承担怎样的责任。

打个比方，一对男女订婚是预约合同，结婚是本约，双方只是在恋爱、有结婚意向，这是意向书。我们来体会一下。

在这里谈到的意向书和预约合同，都属于这类文件的形式问题，意思是，只要是这个形式的文件，我们就意识到它们在效力上可能存在的争议，需要采取必要的措施。我们起草类似文件，需要消除掉上述争议。这样才能把控，才能成为后续预约或本约的基础。

这是我们中观—合同形式讨论的问题的一小部分。还有哪些情况属于中观—合同形式问题呢？

下面给大家总结了图表，包括履行中的文件、阴阳合同、合同模板、集团合同等。这些内容也是在《合同起草审查指南：三观四步法》一书和课程中具体展开。

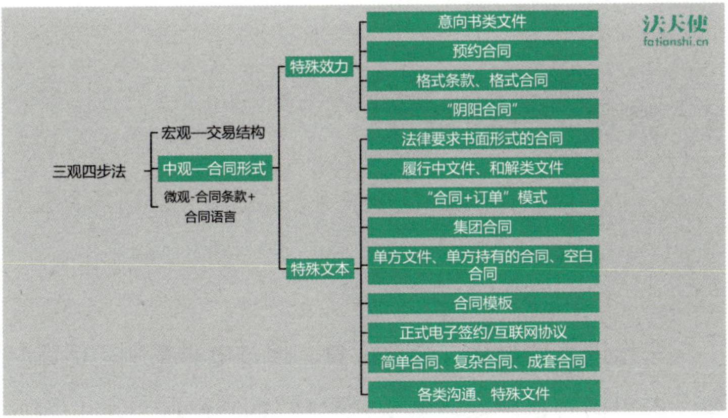

图 3-46　3 小时合同课课件展示（45）

这部分是一个典型的说理单元。完整地概括了故事（案例）营造冲突（问题点），然后从法条变迁和实务角度分析问题，得出结论。然后用实务中的典型文件来验证前面的观点。让受众意识到"哦，原来如此"或"哦，确实如此"，要讲出启发感，让受众感受到自己之前没注意过这些细节，听后变得很明白。

要记得总结和扣题，回到中观整体，避免让受众误以为中观就只是意向书的问题，要明确意向书只是其中一个方面。

4 微观—合同条款

课程进入后半程，受众疲惫。通过电影案例，活跃气氛，引出微观话题，注意交代好情节的背景；注意控制互动节奏。

4.1 电影引入

宏观讨论的是交易结构，中观讨论的是合同形式，那微观是什么？微观是“什么条款”？合同是由条款组成的，每个条款的尺度和标准在哪里？这部分要进行说明。

介绍剧情

我们先来看部电影。

图 3–47　3 小时合同课课件展示（46）

这是一部有点老的香港电影，但巧合的是，里面刚好有个需要起草合同的问题，剧情是怎样的呢？

男主角是郑伊健扮演的建筑公司老板，我就暂时称呼这个角色为郑伊健。他的哥哥是建筑公司大老板，哥哥不小心在外面发生了事故被砸伤，砸成了性无能。于是哥哥和嫂子离婚了，哥哥整日郁郁寡欢。在海边遇到了这个美丽的女孩，大家认识这位演员不？对，是邱淑贞。大哥看到她就怦然心动，在心里想，如果能跟她约会，这辈子值了。这时候郑伊健扮演的弟弟知道了，正好他哥哥快过生日了，就找到那女孩问，能不能答应一件事，陪他哥哥一晚。女孩的爸爸正好刚刚破产，欠 3000 万港元，于是她咬咬牙答应了要求，但条件是需要 3000 万港元。郑伊健最不缺的就是钱，于是爽快答应。

邱淑贞扮演的女孩提要求，要签订书面合同。于是邱淑贞请了一位律师，起草这个合同。这就是电影跟合同相关的关键情节，我讲清楚了吗？（停顿）那么大家考虑下，假定你是邱淑贞请的律师，如何起草这个合同呢？首先我这里先强调一下，我们先不考虑宏观的合同效力，先假定这个合同是有效的。我们重点讨论的是，如何布局谋篇，确保能比较全面地把合同写清楚。

这当然是个故事，但是起草这个合同跟其他其他正式的合同，在布局谋篇的思路上是一样的。所以，给大家 1 分钟的时间，一起思考下，待会儿我邀请一些朋友来谈谈自己的想法。

再次确认下后面的朋友，听清楚这个故事了吗？我看远处有朋友一脸迷茫的样子，你是需要现在看一下这部电影吗？（大家笑）好的，正好我给大家截取了一个 15 秒的片段，一起看一下，注意只有 15 秒，请不要眨眼。（播放电影片段）

图 3-48　3 小时合同课课件展示（47）

1. 在讲解电影时，适当介绍故事背景。

2. 提醒不要关注合法性，因为探讨的是对合同条款的布局能力，有没有框架。

3. 请大家思考具体哪些条款。

4. 可根据时间请 2~5 位受众参与，适当控制节奏。

5. 在 3 小时讲座的后半段，适当引入视频能缓解大家的疲劳，进一步吸引注意力。在播放视频的时候，不要直愣愣地说，下面我们来看个片段。而是先问大家刚才的剧情叙述清楚了没有，可能很多人会说清楚了。但仍然可以假定有人反馈说没听清楚而播放。总之，哪怕播放一个片段，也要有出其不意的感觉。

6. 任何时候播放视频，最好提前明确时长，比如，接下来我们看一个 2 分钟的视频。这么做是为了更好地管理受众的预期和感受。

7. 还要特别注意，这个故事是早年的香港电影，话题略带一点点成人色彩，如果现场有 18 岁以下的孩子，则建议不讲这个故事，而直接讲解后面的内容。在任何情况下讲课时，适当轻松的素材和话题是可以的，但必须不能低俗，其中的尺度要特别注意。

受众发言

好的，这个片段果然只有 15 秒，为什么要停在这里呢？因为接下来，在这部电影里的律师，就在这个会议室站起来，绕着会议桌口头叙述了这份合同。当年的编剧还是很有水平的。下面我请几位朋友谈谈，如果是自己帮邱淑贞起草合同，应该怎么起草这份合同。

请注意，你并不需要逐字逐句地口述这份合同，我们重点讨论的是能否给出合同的条款框架。因此你只需要说出条款的名称，这个条款大概想表达哪方面的内容即可。每个人只需要讲一条即可，然后下一位继续，但不要重复前面朋友说过的。

1. 为了让更多的人参与，在邀请受众参与时，要明确规则，比如每个人只需要讲一条，这样也就降低了参与门槛。

2. 强调后面的人不要重复前面的，避免无效参与。

3. 这个环节的目标之一，是尽可能多的朋友能参与进来，形成轻松愉快的氛围，调节整场讲座的气氛，适当中和前面过于专业的色彩。

4. 注意互动流程：要充分肯定发言者，提议给掌声；如果讲得有亮点，要特别表扬；结合参与者的内容适当作展开和总结，把课程内容与故事融合到一起。比如，受众说某一条的标题是服务内容。那么讲师可以在感谢、表扬参与者之后，适当补充说：大家注意没有，这个合同的表达是服务，其实很多合同标的都是服务。那合同的标的有哪些分类呢？有实物比如车、房子、手机，也有无形的服务，还有智力成果如知识产权等。当我们意识到合同的标的是服务而不是有形的物的时候，就要特别注意。因为服务是无形的，往往缺乏明确的验收标准。我们就要想到如何尽量准确地描述作为标的的服务和后续的验收标准。

时间宝贵，我知道大家可能还有一些的想法没来得及说，没关系，特别感谢刚才所有参与这个话题认真思考的朋友，一起鼓掌感谢大家。

讲师总结

咱们刚才这个故事想讨论什么呢？讨论的是，如果当事人找你起草一份合同，你是否能够迅速在头脑中形成一个框架？这其实很考验人的。常用合同中，包括哪些模块？我给大家看一下这个案例中合同的主要模块：

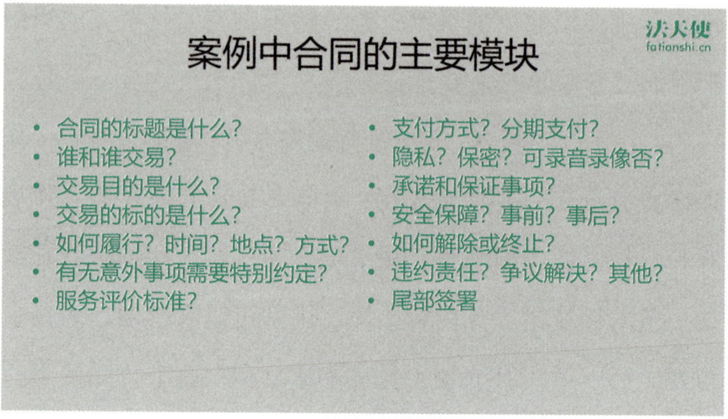

图 3–49　3 小时合同课课件展示（48）

标题：定性，这是个什么合同。

主体：谁和谁交易，这个案例中是个涉他合同。什么是涉他合同？合同的受益方是第三人，但他不是合同主体。如我们给父母找一个家政服务公司。这就是涉他合同。在这个案例中，受益方是郑伊健的哥哥，但签署合同的主体是郑伊健和邱淑贞。大家不要想着把郑伊健的哥哥作为合同的主体，那就不符合当事人的交易需求了，人家是为了给哥哥个生日惊喜，不可能提前把哥哥叫过来签合同。

目的：让他哥哥有个快乐的生日体验等，这个可考虑放到鉴于条款。

标的：标的是什么？陪一晚上，怎样才算是陪一个晚上？如何履行？时间、地点、方式又是什么？在真实的合同起草中，当事人也往往是用概括的说法来跟律师或法务讲述交易，如想投资个项目，或想买个什么东西。律师或法务要了解细节，尤其是重大交易。有的律师觉得问多了不专业，但如果该问的没问清楚，才更是不专业。

关于标的。合同的标的分为有形物、无形物。无形物包括服务、智力成果等。当你意识到这是个服务，就要注意无形物需要设定一个标准，不像有形物有特定的标准好拿捏。

关于支付方式。收款方一定是希望一次性事前支付。付费方往往希望分期或者事后付钱。甚至结合服务标准来支付。我们站在收款方的立场，就要关注是否一次事前支付，如果不是，那具体的支付阶段和支付条件又是什么。

关于隐私、保密。在这个案例中重不重要？答案当然是很重要。比一般的商事交易可能更重要，这就要在合同中详细写明，甚至要具体到合同履行过程中不允许录音录像等。

关于承诺和保证。合同目的是什么？站在女方立场，除了收到 3000 万港元还有什么？是不是还要考虑安全。如电影里，女方的律师要求男方到指定的医院去做个体检。有点类似公司收购中，承诺与保证条款要求当事人没有未知的债务，做好尽调等。

关于如何解除。邱淑贞有没有及时解除合同的权利？如果没有约定解除，只能法定解除。没有考虑这些，那你考虑的就不全面了。

除了以上这些条款，就是一些通用的条款了。违约责任、争议解决、尾部签署等。这些内容再齐备，这就是一份完整的合同了。

我们讨论了这个故事里合同的各个模块，真正想讨论的是，如何确保合同起草审查不遗漏事项。如何在没有这么多同行、同事帮助的情况下，能全面地想明白一个合同需要哪些条款，这就需要一种方法，也就是我现在要分享给大家的：合同设计的三点一线法。帮助你有一个框架去思考任何一个交易。

通过一个展开的案例，启发受众，起草审查合同时微观层面必须有框架，而搭建框架需要方法。究竟是怎样的方法？吸引受众继续参与后面的内容。

4.2　讲解三点一线法

结合图讲解三点一线的含义

我们来看这个方法，就是这张图。

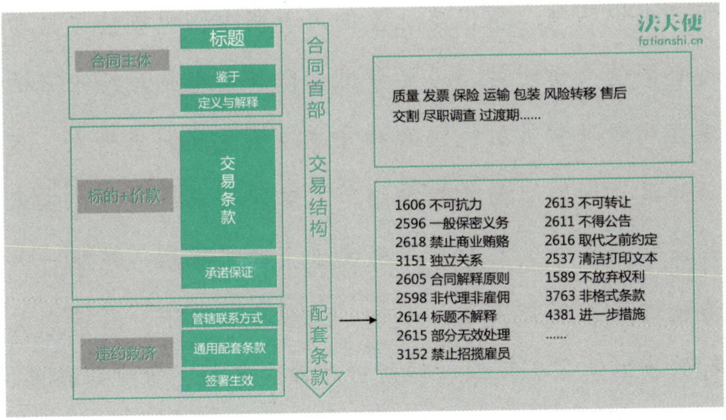

图 3–50　3 小时合同课课件展示（49）

三点一线的“三点”是哪三点呢？是说任何一份合同，由 3 个部分组成，分别是合同首部、交易结构和配套条款。3 个部分的核心是 3 点：合同主体、标的 + 价款、违约救济。为什么是这 3 点？合同是交易的剧本，任何一个合同都在讲谁和谁做什么交易，如果交易不成功怎么办的故事。

谁和谁就是主体，标的和价款是交易最核心的内容，违约救济就是老虎的牙齿，如果没有违约救济条款，合同的效果会受到影响。这 3 点就像人的骨骼、楼的承重墙，任何一个合同都需要这 3 点的定位。其他的条款就像血肉、皮肤，把合同做完整，包括了 3 个部分中的其他条款。

三点一线中的“一线”指的是合同的条款要有确定的排列顺序，形成一个清晰的履行线索。沿着时间的顺序或重要性顺序把交易说清楚，从这个意义上说，合同就像一个说明书。不仅要让签的人看明白，也要让未来履行合同的人看明白。还要考虑合同其实也是写给未来的法官或者仲裁员的，法官和仲裁员不是合同当事人，未必知道合同的交易背景和细节，这就要求合同能让未来的法官或仲裁员看明白。就要求合同讲规矩，按照一条清晰的线索安排条款。比如，交易条款当中，经常涉及标的物的质量、发票、保险、运输、包装、售后等条款，这些条款的顺序原则有两个：一是按照时间顺序；二是按照重要性顺序。

合同作为一种特定的法律文书，它不像诗歌或小说，不讲究“文似看山不喜平”，强调的不是与众不同，而是降低阅读成本和理解成本，这也符合我们在理念篇强调的“促进交易”的原则。

有这么一个故事，说在一个合同纠纷当中，双方对争议解决方式发生了争议，一个说在北京仲裁委员会解决，另一个说根据条款约定，北京仲裁委员会无权解决。为什么呢？因为条款里写的是北京市仲裁委员会，多了个“市”字。这个案件之所以会发生，是因为写合同时，不够严谨。尽管争议的结论可能还是会认定北京仲裁委员会有权受理这个案件，但不规范的条款写法造成了不必要的争议。实际上如果严格参考北京仲裁委员会的示范条款，不要自己随意写，就能避免这样的问题。争议解决条款属于常见的配套条款。

用律师助手操作讲解配套条款

在配套条款中，常常有诸如不可抗力、争议解决、送达条款，这些条款都没必要临时根据自己的理解撰写，而是建议用规范标准的写法，更严谨准确。在这张图上，列了一些常见的配套条款，都属于这种情形，我们不妨一起看一下。比如，不得公告、取代之前约定、标题不解释、独立关系等。

大家是否看到这些标题，就知道条款的内容和适用的场景呢？如果不能，建议大家熟悉了解一下。这些条款往往并非每个合同必需，但有些场景下又确有必要。比如，大企业的采购类合同，加上反腐败条款是必要的；独立关系条款，它是什么含义呢？用“法天使律师助手”，我把它调出来。

现场用电脑打开 Word 演示，可根据时间决定是否具体演示，或展示条款的多少。

我们看到，独立关系的条款内容：“1.1　独立关系　本合同各方均为独立法人（或独立主体）。本协议的签订在甲方和乙方之间并不产生任何雇佣、代理、合伙关系，双方对外不产生连带、补充或类似责任。”

在合同中存在多方主体时，不同主体之间可能是独立关系，可能是连带责任关系，也可能是补充责任关系，如果为了强调独立关系，则有必要加入这个条款，根据具体的合同内容，可以在这个参考条款的基础上做适当调整。好消息是，类似这样的条款并不是无穷尽的，整体上是有限的，大家可以看到我在每个条款前面加了编号，在条款库中输入编号或者条款名称，都可以看到。

1. 要讲明白几个问题：三点一线的含义；为什么要按照这样的规则安排条款；并且适当演示律师助手的功能，把工具与方法结合起来。

2. 在提及常见配套条款时，部分受众可能不了解其中部分条款，优先挑选大家不了解的条款用律师助手展示出来，能满足大家的求知欲，也能更好地展现这部分内容和律师助手工具的功能。

想象一下现在重新拿到前面电影里的故事，如果我们起草合同，有了上述方法和框架，就比较好写了。按照这个通用的框架，不会落下必要的条款。

案例验证

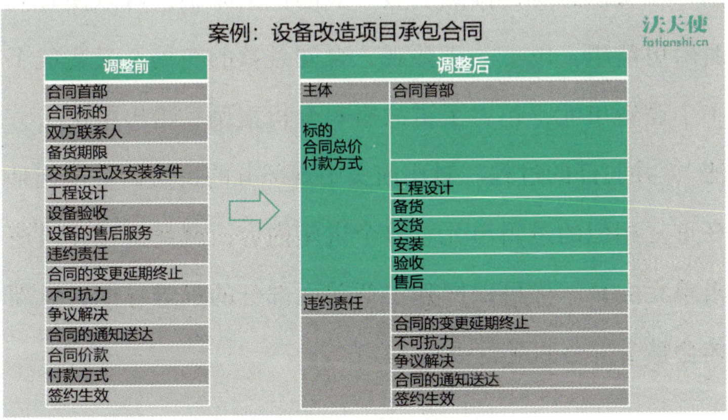

图 3–51　3 小时合同课课件展示（50）

来看一下这个案例：设备改造项目承包合同。你拿到这份合同，主要条款就这么多。你会想这个合同条款全不全，它们之间的关系是什么？是否有遗漏？好的律师不仅审纸上的合同，还要审到该有而没有的东西。这个前提是你得有框架。

我们用三点一线法来改造一下，这是一个关于：谁跟谁，改造设备，谁付钱，改造不好怎么办。然后交易流程按照顺序：设计、备货、交货、安装、验收、售后等，然后就是不可抗力等。

思路：先去抓三点是什么。然后呢，重要的条款就是关于标的，怎么付钱。所以，为什么说审查的合同如果不是典型合同类型的，可以参照买卖合同。买卖合同很重要的就是标的和对价。所有合同都可以参照买卖合同。

这部分不太需要互动，可以简明、快速地展示对比结果，让受众感觉，按照三点一线的框架调整，可以使合同逻辑更清晰。以上关于微观—合同条款的布局，又完成了一个逻辑单元，包含了讲故事、分析案例、给出结论（方法），并验证的过程。对比前文中观部分的讲法，会发现是在重复相似的逻辑单元。整个讲座内容，就是这种多级逻辑单元嵌套。你可以回到本章前面部分的思维导图，重新体会整个讲座的逻辑结构。

4.3　具体条款要点举例讲解

合同条款的一般原则

前面讲的是合同条款的一般框架，再看看一般原则。

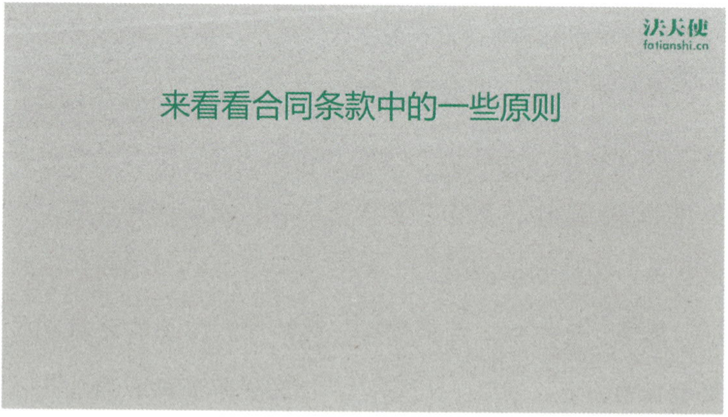

图 3-52　3 小时合同课课件展示（51）

当我们知道合同的框架后，还要了解条款的原则，条款无非是我方的权利，对方的义务；或是我方义务，对方的权利。

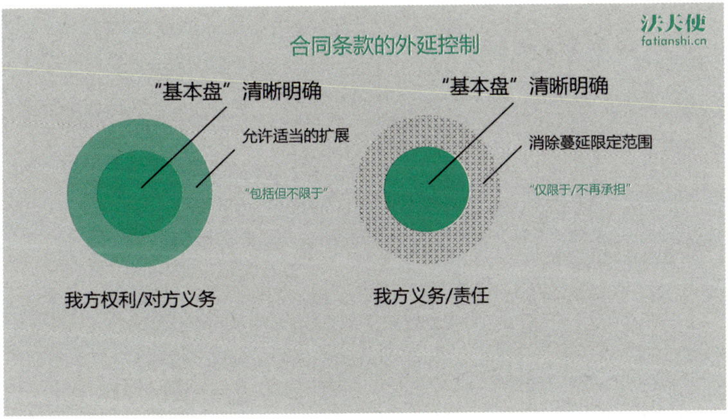

图 3-53　3 小时合同课课件展示（52）

我方权利：基本内涵清楚，外延可以扩散，因为是我方的权利义务。我们经常用“包括但不限于”。我方有权在什么情况下，要求对方赔偿损失。

我方义务：我们要明确“基本盘”，然后外边要有一个外延，把边缘封闭好，避免开放性的义务。所以我们会用“仅限于”，当怎么样的时候就不再承担其他责任。

有时我们看着一个条款看起来在语义和语法上是完整的，但是法律上是有风险的。所以我们说，我方有权在什么情况下解除合同，仅赔偿关于什么损失，不再承担其他责任。这是站在我方，解除方的立场上。

先讲道理，要讲得简单，别太展开。

条款边界不清楚导致的风险

再看实例，用实例证明观点。

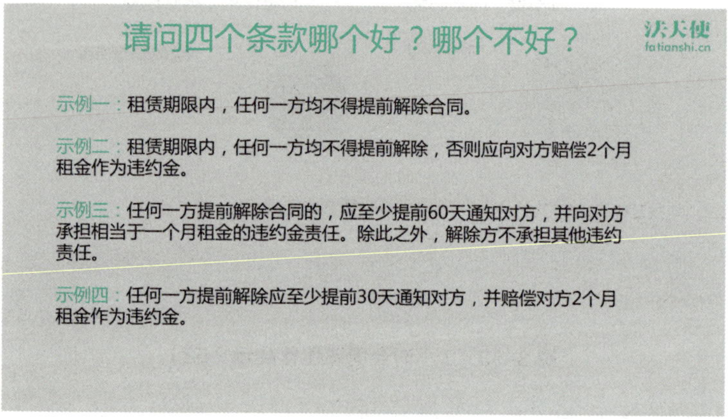

图 3–54　3 小时合同课课件展示（53）

来看一组条款：这是我们要审查的一个合同条款，有 4 类与合同解除后果的条款。问大家：根据你的经验，哪个条款最好，哪个条款最差？

示例一：租赁期限内，任何一方均不得提前解除合同。

示例二：租赁期限内，任何一方均不得提前解除，否则应向对方赔偿 2 个月租金作为违约金。

示例三：任何一方提前解除合同的，应至少提前 60 天通知对方，并向对方承担相当于一个月租金的违约金责任。

除此之外，解除方不承担其他违约责任。

示例四：任何一方提前解除应至少提前 30 天通知对方，并赔偿对方 2 个月租金作为违约金。

请问 4 个条款哪个好？哪个不好？

读一遍 4 个实例。

哪个最好？第三个？为啥，第三个最长？那哪个最不好？第一个？因为最短？我们先埋个小坑，看个具体案例。

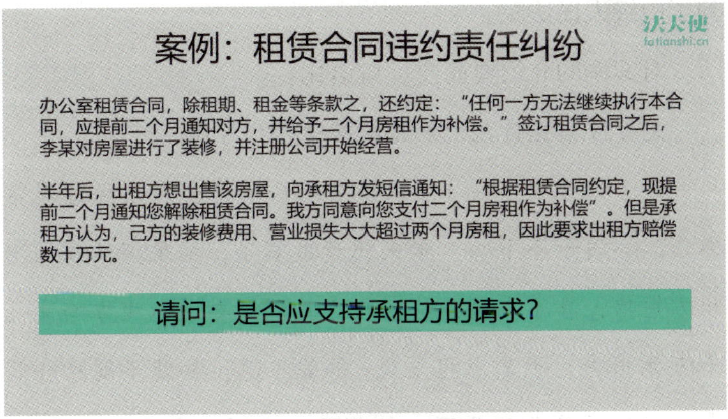

图 3–55　3 小时合同课课件展示（54）

王某（出租方）与李某（承租方）签订办公室租赁合同，王某为出租方，李某为承租方。租赁合同条款简单，除租期、租金等条款外，还约定："任何一方无法继续执行本合同，应提前二个月通知对方，并给予二个月房租作为补偿。"签订租赁合同之后，李某对房屋进行了装修，并注册公司开始经营。

半年后，王某想出售该房屋，向李某发短信通知："根据租赁合同约定，现提前二个月通知您解除租赁合同。我方同意向您支付二个月房租作为补偿。"但是李某认为，己方的装修费用、营业损失大大超过两个月房租，因此要求王某赔偿数十万元。

这个实例是我同事遇到的一个真实案件，在石景山打到了中级人民法院。

对案例的介绍要简要、口语化。

是否应当支持几十万元的赔偿呢？为什么？

这个案子有个细节：承租方租房子开公司后经营非常惨淡，公司干不下去，本来想遣散算了，结果突然收到出租方短信，喜不自胜，给出租方打电话要求出租方赔偿几十万元损失。于是出租方说：那算了吧，我就不解除合同了，我也不是非卖不可，就算卖，也可以出租着房子卖。你就继续干吧。谁料到承租方死活不干，认为出租方提出解除合同，合同就已经解除了，于是就打官司。结果出租方被判决赔了承租方几十万元的损失。

我们不光看结果，重点关注条款出了什么问题呢？这个条款没有定义清楚：是否为约定解除，我有权解除且承担这个责任后，不再承担其他责任了。所以这也就会误导合同当事人，以为只要承担两个月租金就可以解除了。解除权是形成权，形成权最大的特点是单方作出意思表示，到达即生效。不能说想解除就解除，不想就算了。所以法院的判决是有道理的。

从合同起草的角度来说，是对应的违约条款没有表述完整。如果能表述完整，法官也要优先尊重当事人的意思自治。

回到刚刚前面给的4个条款示例，“任何一方提前解除合同的，应至少提前60天通知对方，并向对方承担相当于一个月租金的违约金责任。除此之外，解除方不承担其他违约责任”。这个表达是完整的。

只要不是损失与租金有非常大的差距，法院还是要尊重当事人的意思表示。很大程度上都是法院在平衡当事人之间的利益和意思自治的关系。优先尊重意思自治，只有结果严重不公平才会进行调整。我们意识到这个案例就是条款边界的问题。

对条款边界不清楚问题的总结

关于前面几个条款结论是，示例三最好，不是因为最长，而是因为想到一方解除后怎么办。示例一不是最差的，为什么？示例一其实讲得很清楚，没有歧义。说了不可以解除，除非是法定解除权。示例二和示例四不好的原因在于存在歧义，让当事人误以为小对价就可以解除合同，不再承担其他责任。但其实会有不良的后果。

刚才我给大家分享了条款的三点一线法，在合同起草审查指南的教材和对应的合同实训营课程中，要把三点一线中的各个常用条款都讨论清楚。比如，标题怎么起，鉴于条款的重点是什么，主体、标的等条款。

这部分的内容是避免三点一线过于空泛，而是举个具体例子讲条款，让受众了解到微观部分要把握好各常见条款。

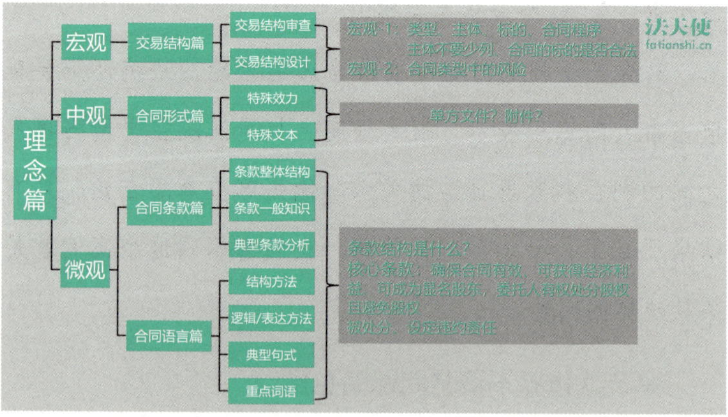

图 3–56　3 小时合同课课件展示（55）

如果整体掌握宏观、中观、微观 3 个层面的知识，就可以对任何一个合同做“三观分析”，发现各个层面的问题，从而解决了今天一开场我们提到的合同起草审查“缺乏标准”的根本问题。

也就是说，不论面对怎样的合同，都可以用这套知识体系，有条不紊地起草审查合同。

5　收尾

适当总结，不论方法和工具，都是为了解决合同起草审查问题。

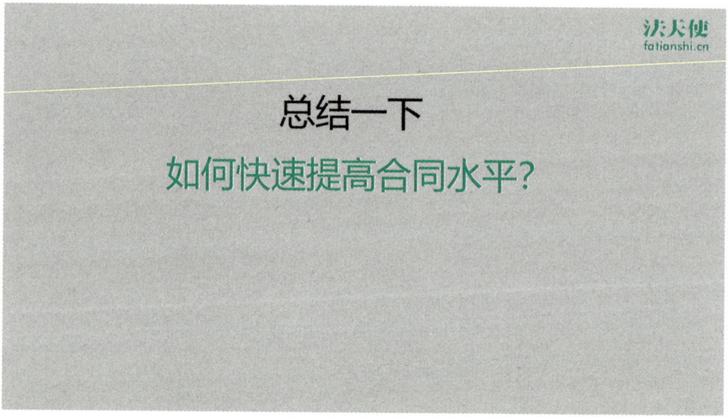

图 3–57　3 小时合同课课件展示（56）

好，一起来回顾一下今天的内容，如何快速提高合同水平呢？方法加工具。方法就是“三观四步法”，工具就是律师助手。方法与工具是互相融合的。

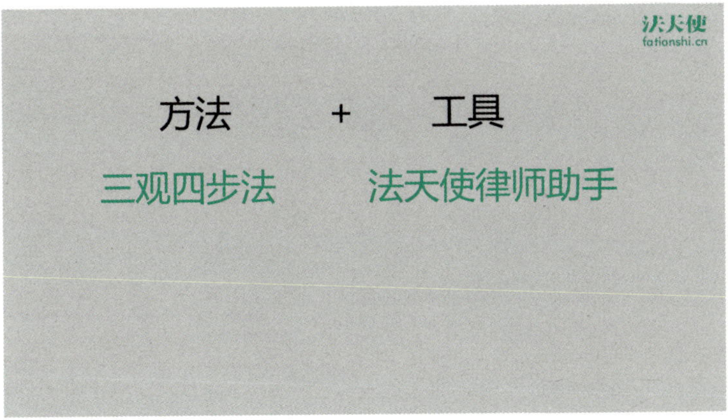

图 3-58　3 小时合同课课件展示（57）

5.1　方法

整个“三观四步法”的框架，是要构建一套标准的、体系化的合同起草审查的知识和方法。我们用短短 3 小时时间，介绍了一些重点，大家对这个框架，应该有了直观的认识。

想要强调的是，专业人士的学习必须是体系化学习，而不能是碎片化学习，比如，微信上有很多合同起草审查技巧的文章，讲得都有一定道理，但实际起草审查合同时，却常常发现记不起来这些碎片的文章，用不上。

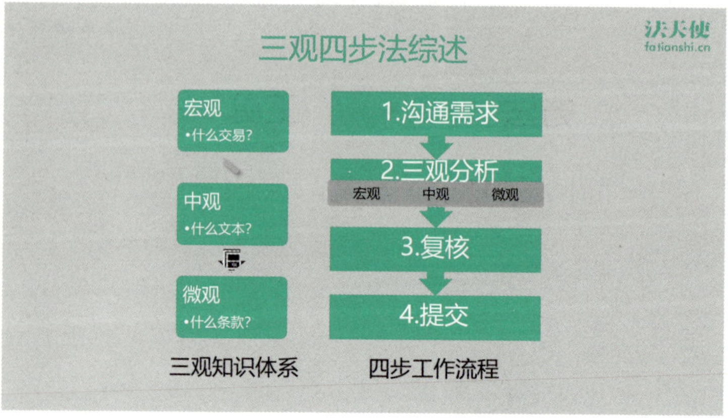

图 3–59　3 小时合同课课件展示（58）

5.2　工具

工具的好处是拿来就能用。前面课程中，已经使用了好几次，其实除了合同库、条款库，还有法律法规库、工商信息库，还有多个工具，都在里面。这里就不详细演示了，准备了一个 3 分钟的视频，给大家了解。

（播放 3 分钟视频）

图 3-60 3 小时合同课课件展示（59）

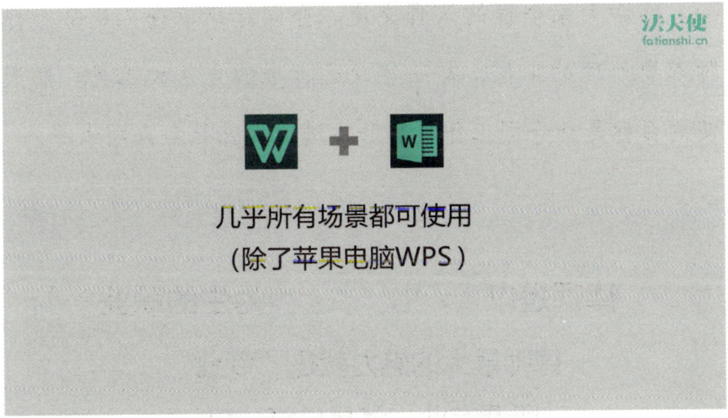

图 3-61 3 小时合同课课件展示（60）

特别提到的是，近期法天使专门推出了“合同生成器”功能，会员在法天使网站就可以用，常见的各种合同，通过填写填空项和条款组点选，就能自助生成，非常方便。不论 Word/WPS 的插件，还是法天使网页，还是法天使 App

或“法天使合同库”小程序，会员的权限都是通用的，也就是说只要是会员，各个场景都可以用。

这部分内容从前面具体的合同知识跳出来，回到方法和工具层面，在讲课过程中，可能很多受众留意到这个课程很体系，有的内容需要进一步学习，对合同的工具也希望了解，因此在这部分应适当回应，简单介绍。

5.3 结尾

感谢大家全程的认真交流。合同起草审查，是每个律师都要处理的工作，却一直缺乏标准的方法和工具。法天使的目标是让合同工作更容易，进而提升社会合同水平。

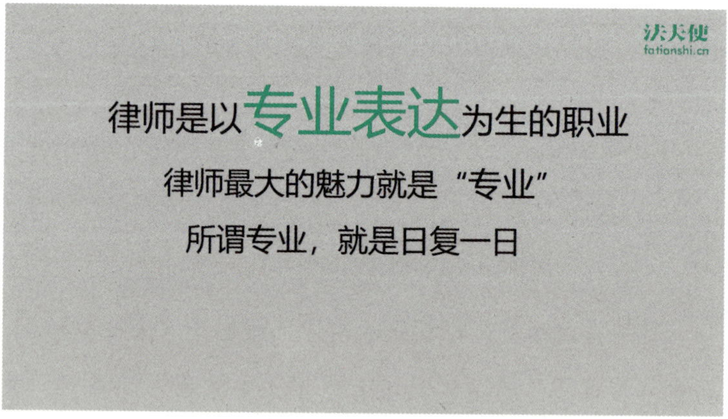

图 3–62　3 小时合同课课件展示（61）

最后想跟大家分享 3 句话：

第一句是，律师是以专业表达为生的职业。

这是我觉得对律师职业特征很精准的描述。律师手里没有特别的权力或工具，创造价值的核心方式是专业表达。不论开庭发表辩论意见，还是提交书面的法律意见，不论起草审查合同还是发送律师函。本质上，律师职业的特征就是专业表达。

第二句是，律师最大的魅力是专业。

律师能够赢得客户和同行尊重的根本原因是专业。我们自己可以想想身边发自内心佩服的律师、合伙人，我们为什么佩服呢？根本上还是因为他在某个领域的确专业。

那么我们应该怎么做到专业呢？

最后一句话：所谓专业，就是日复一日。

今天我们用3小时的时间分享合同起草审查，信息量比较大，但是大家几乎都全程认真在参与，日复一日地学习，这可能就是我们法律人的日常。

最后是我的个人微信，如果愿意交流合同，可以添加交流。

希望我们一起努力，提高社会的合同水平。感谢各位。

1. 讲座要控制好时间，不要过早结束，更不要超时。在最后的半小时要适当弹性控制时间。

2. 结尾应该简短、凝练，不要拖沓、冗长。

3. 结尾可以升华，但不要洒鸡汤，结合讲座主题真诚分享。

4. 课程结束后一般会由主办方的主持人接过话题，可以请同事协助在微信群抽奖等后续事项。后续受众对付费的课程和工具的疑问，要及时答疑。

后　记

在很多次（不少于200次）讲课的最后一页PPT上，我会写下一句话：律师，是以专业表达为生的职业。除我之外，似乎未见其他人用这句话来定义律师这个职业。我认为它准确揭示了律师职业的核心特征：律师并无权势，也未必有多少金钱，律师之所以产生力量，在于能够专业表达。

专业表达的场景有很多，包括演讲、谈判、发表代理意见以及书面的法律文书写作。在这些场景之中，讲课显得尤为重要。律师这一称呼当中的“师”字，也与讲课非常匹配。假如一位律师一年能讲20场课，每场课听众100人，那么就会以“老师”的身份，直接影响2000人。假如其中5%成为客户，那么将会产生100个客户。

换言之，如果一位律师真正擅长讲课，仅此一项技能，就可以确保成为一位不缺案源的律师。一位不缺案源的律师，日子大概率过得比较舒服。抱持着这样单纯的目的，我想写作这本书，希望你通过这本书，可以更快速地自我培养为一名擅长讲课的人。凭借擅长讲课这项技能，开启一个更精彩的职业人生。

真正会讲课的人站在台上，身上仿佛若有光。讲课几乎是专业人士最先进的生产力，加上互联网传播的翅膀，更加剧了它的威力。如果可以，以优秀讲师的形象出现在更多人面前，将是效率最高、效果最好的影响力拓展方式之一。希望读完本书的你，已经比较全面地了解了讲好课的全部要点，并掌握了其中的基本规律和方法，以及相关的种种细节。

讲课终究是一种实践，知识有助于实践但不能代替实践。现在，开始你讲课的旅程吧，我们江湖再见。

致　谢

感谢我的同事，创业搭档老何（何力）。法天使的《合同起草审查指南：三观四步法》3卷本书籍是老何带领内容部门全体同事持续研究的成果；律师助手是老何与老潘（潘捷）带领技术部门同事开发的工具，进而构建了以标准为中心的方法加工具体系。我有机会在此基础之上，面向全国律师法务朋友分享，使得这个讲座不局限于一场讲座，而是切实提供合同起草审查的整套方法和工具。

感谢我的同事施志广、胡婷、张强、马乐、张欣、刘双双、赵爽、王梦莹等多位伙伴。在上百个城市的出差中，各位同事全程协同各项工作，包括与各地律师协会的协调，确认讲座场地、设备等细节，以保障每次讲座效果最优，有时还会线上远程协同各项工作，这都是一场讲座的组成部分，也是法天使的提高社会合同水平的使命所在，我为有这些伙伴感到荣幸。

感谢全国各地律师协会相关工作的负责人，尽管这里难以一一具名，每次讲座，都有各地律师协会的会长、副会长或相关委员会负责人对接，经常在周末加班完成工作。每次讲座前后，在与各位的交流中受益颇多。这让我对中国律师行业的现状和发展有很多直观感触。

感谢所有线下面对面或在线上听过我讲课的法律人朋友，你们中既有年轻律师、法务，也有各个领域资深的专家，有的是高校老师、法院法官或其他法律从业者，你们给了我很多友善的互动、积极的反馈，促使我修正瑕疵，逐渐做得更好。我想不论做什么工作，人们最需要的是价值感，正是这么多朋友的倾听和鼓励，给了我这种真切的价值感。

感谢多年合作伙伴法律出版社多位编辑老师的支持，张雪纯副总编辑、冯雨春分社长、朱海波编辑、蒋橙编辑，多年陪伴法天使成长。没有你们，就没有法天使一系列合同好书。

最后要感谢我的家人，很多个从早到晚在外出差的日子，家人的支持是我最大的幸运。

附录：法天使—中国合同库书籍、课程和工具简介

法天使—中国合同库（fatianshi.cn）是一家法律科技公司，由法律人和工程师于2015年创办，使命是建设中国合同标准，提高社会合同水平。

书籍。法天使—中国合同库出版了《合同起草审查指南：三观四步法》《合同起草审查指南：常用合同卷》《合同起草审查指南：公司卷》3卷本合同实务书籍，迄今为止，系列图书有超过10万名读者，仍在各平台持续畅销。

课程。包括线上和线下课程，其中21天线上合同实训营，一般每期21天，微信群陪跑，每期100~200人一起学习，已经举办数十期；线下2天1夜合同实训营，沉浸式学习，在各城市举办数十场。线上、线下合同实训营已经有超过1万名学员，仍在长期持续举办。

工具。中国合同库有超过20万注册用户，可在法天使网页、Word和WPS文档、法天使合同库微信小程序和法天使App等端口使用各项功能。用户可使用数千类标准合

同模板、条款库、法律法规库、工商信息库及工具箱，快速高效的起草审查合同。其中，嵌入 Word 和 WPS 的律师助手、网页端的“合同生成器”特别受用户欢迎。

标准与考试。2021 年，法天使—中国合同库与法律出版社、中国标准化研究院协同各机构，制定发布了《合同起草审查指南团体标准》，并发起了“合同标准考试”，每年在各城市举办，越来越多法律人正在报名参加考试。

更多具体信息，请到“法天使”公众号或登录法天使—中国合同库官方网站了解详情。